Henri ou Henry

le roman de mon père

Didier Decoin

de l'Académie Goncourt

Henri ou Henry

le roman de mon père

Stock

À mes fils, Benjamin, Benoît et Julien,
le grand-père qu'ils n'ont pas connu
– et qui les aurait tant aimés

La profondeur doit être cachée.
Où ? À la surface.

Hofmannsthal

1

Entre septembre 1937 et mai 1938, une des joues de Shirley Temple se mit à gonfler comme un énorme bubble-gum rose à cause d'une dent de sagesse, et c'était bien sûr le soir de la première de son nouveau film *Wee Willie Winkie*; un avocat essaya de persuader Bette Davis d'entreprendre une action en justice contre les frères Fleisher, créateurs du personnage de Betty Boop, sous prétexte qu'ils s'étaient inspirés des yeux de Bette pour dessiner ceux de Betty; le veilleur de nuit d'un studio surprit un iguane femelle en train de pondre ses œufs dans la loge de Fred Astaire; et des pluies torrentielles s'abattirent sur Los Angeles pendant vingt jours et vingt nuits, soit très exactement la moitié du temps officiel que la Bible impartit au Déluge.

Tout ça rapporté par des témoins ayant séjourné à Hollywood à un moment ou l'autre des neuf mois que mon père passa dans une villa de Beverly Hills. Des témoins presque centenaires aujourd'hui. Me mettant sous le nez une photo d'Humphrey Bogart : «Ton père, petit, voilà ton père, c'est lui tel que je l'ai connu.» Erreur des centenaires. Mon père n'avait pas la tête de Bogart. Peut-être un peu vaguement celle de Clark Gable, mais juste à cause de la moustache. En tout cas, il ne s'appelait pas Humphrey. Mais Henri. Ou Henry. D'ailleurs, sans vouloir accabler les centenaires, je constate que la presse californienne de l'époque parle en effet d'une prodigieuse averse sur la ville, mais qu'elle ne dit pas un mot de la rage de dents de Shirley Temple, ni de l'éventuel procès Bette Davis *versus* Fleisher, rien non plus de l'intrusion d'une iguane pondeuse chez Fred Astaire.

Possible, donc, que rien de tout ça ne soit arrivé. Ou alors que les gazettes aient été mal informées. Ou rédigées par des jean-foutre, ce qui expliquerait du même coup pourquoi aucun journal n'a consacré le moindre entrefilet à l'affaire des téléphones blancs, que mon père tenait pourtant pour l'une des choses les plus extraordinaires de la vie hollywoodienne.

Tout commença le jour où un décorateur stagiaire, parti en courant chercher un téléphone qu'on lui réclamait pour un décor, rapporta du magasin des accessoires un téléphone blanc au lieu du traditionnel téléphone noir à haut col et fourche nickelée qui figurait dans tous les films.

D'où lui vint cette idée, à ce garçon? Et surtout, où dénicha-t-il un téléphone blanc parmi tous les téléphones noirs alignés sur les étagères du magasin des accessoires? On n'en sait rien. Aucune histoire du septième art n'a mentionné ce détail, et le nom du modeste assistant à l'origine de cette évolution majeure de l'un des accessoires les plus utilisés au cinéma risque fort de rester inconnu à jamais.

— Ce type obscur, ce nonobstant héros, vaudrait pourtant bien qu'on lui donne une vie, me dit un jour mon père.

Donner *une* vie (à ne pas confondre avec donner *la* vie) signifiait pour Henri s'emparer d'un être ou d'un incident parfaitement minuscules, insignifiants et quelconques, et extirper de ces riens quelque chose, un film, un bouquin, un fou rire, une colère, voire une simple pensée qui l'aiderait à s'endormir et à rêver toute la nuit. Papa créait comme on chasse à courre – jusqu'à épuisement de l'histoire qu'il avait débusquée :

— Hollywood années vingt, je verrais assez bien un rouquin, le genre Danny Kaye, il fait partie d'une famille de buveurs de bière, sauf que lui ne boit que du lait, à l'écran le lait est ce qu'il y a de plus photogénique pour un rouquin,

13

c'est comme le chablis pour une blonde ou le kir bien rubis pour une aile-de-corbeau, même en noir et blanc ces choses-là te sautent aux yeux, et donc Danny bricole avec son père mécano dans un garage déglingué, planches et tôle ondulée, *accident repairs* en hautes lettres blanches, le gamin plonge dans le cambouis dès qu'il sort de l'école, sauf le samedi où ils vont au cinéma tous les deux, son père et lui. C'est devenu une drogue pour Danny. La première fois qu'il a vu bouger des images, le môme s'est jeté dessus, il a collé ses doigts poisseux sur la toile pour essayer d'en attraper les ombres, les torpédos sautillantes, les chevaux apaches, les jolies filles – là, il faudrait glisser un extrait de *True Heart Susie*, un Lillian Gish de ce temps-là, pâtisserie écœurante mais bien du genre à damner Danny, et d'ailleurs devenu un des films préférés de Truffaut, et quand tu penses que cette Truffe-là[1] nous vomit dessus, sur moi, sur Duvivier, sur Delannoy, Autant-Lara, Carné, Clément, Allégret, René Clair, et même sur Clouzot, et que dans le même temps cette espèce d'œuf se pâme devant *True Heart Susie*, enfin bon –, et les samedis succèdent aux samedis, et Danny a de moins en moins envie de bos-

1. Mon père admirait ce dernier (qui était loin de le lui rendre) et l'appelait familièrement la Truffe en hommage au «fumet puissant et rare de son talent».

14

ser au garage paternel, surtout quand il apprend qu'un studio cherche un jockey pour emmener des bagnoles sur les lieux de tournage et les ramener le soir. Des fois, avec la Pontiac ou la Buick, on lui confie une actrice pas encore émergée de sa poivrade et qui continue de cuver sur la banquette arrière – ça nous permettra d'avoir des *guest stars* au générique. Idéalement, il faudra aller tourner là-bas, au moins les extérieurs, les scènes de Danny en bagnole, à cause de ces boules d'épineux qui cavalent au vent du désert, on n'en trouve nulle part ailleurs. Six ou sept mois, Danny fait ça. Là-dessus, grâce à l'intervention d'une des belles endormies qu'il a trimbalées, dont il a peut-être tenu le front pendant qu'elle dégueulait sur la route, il passe assistant accessoiriste. Tout va bien pour lui jusqu'au jour où, de sa propre initiative, il installe dans le décor un téléphone blanc. Ce qui va bousculer pas mal de choses, et pas qu'au cinéma. Dans la vraie vie aussi, les téléphones blancs vont profondément modifier les rapports entre les gens. Mais sur le moment, personne n'en prend conscience. Loin de considérer Danny comme un précurseur, la production le vire. Fin du film, il s'éloigne sur Santa Monica Boulevard, où il croise un livreur de lait – et c'est Bukowski.

15

– Buk n'a jamais fait livreur, p'pa. Surtout pas livreur de lait.

– Je ne te parle pas de Charles Bukowski, mais de son père, son salaud de père.

Henri me racontait ça en 67, en 68 peut-être, enfin peu de temps avant sa mort. C'était le genre de film qu'il aurait bien aimé faire pour finir sa course, un scope noir et blanc sur une musique de Thelonious Monk.

Mon père était arrivé en Amérique fin septembre 37, Danielle Darrieux à son bras. Elle avait dix-sept ans quand il l'avait rencontrée sur un plateau, lui quarante-quatre. Il en était tombé éperdument amoureux, l'avait fait tourner, succès tout de suite, l'avait épousée sans attendre qu'elle soit majeure.

Impressionnés par la popularité grandissante de Danielle et le flair d'Henri qui semblait savoir exactement ce qu'elle devait interpréter, les studios Universal les avaient engagés tous les deux pour sept ans. Elle comme vedette, lui comme auteur chargé de sélectionner et de superviser les histoires que sa jeune femme allait interpréter. Le couple avait aussitôt traversé l'Atlantique sur le *Normandie* qui, à la vitesse moyenne de 30,99 nœuds, venait de ravir le Ruban Bleu au *Queen Mary*.

Danielle avait à présent vingt et un ans, pesait cinquante kilos et transbahutait sept malles-cabines contenant quarante-trois robes, soixante paires de chaussures, vingt-sept chapeaux, ainsi qu'une chienne écossaise, Flora, qui avait la manie de dévorer les pendulettes de voyage – elle les mâchait avec application avant d'en postillonner les rouages à la façon d'un chat recrachant les arêtes d'une sardine.

Dès la veille de l'arrivée du paquebot, le *pier* 88 où accostaient les transatlantiques de la *French Line* avait été pris d'assaut par une centaine de reporters dépêchés par les plus importants organes de presse américains. Le bureau new-yorkais de la compagnie de navigation avait en effet annoncé que plusieurs célébrités du cinéma voyageaient à bord du navire, dont le patron de la Metro-Goldwyn-Mayer, Mr. Mayer en personne, ainsi qu'une mystérieuse star qualifiée de « divine, positivement divine ». Or Greta Garbo, justement surnommée *The Divine*, étant alors sous contrat avec la MGM, la presse en avait déduit que la star « divine, positivement divine » qui allait débarquer du *Normandie* ne pouvait être qu'elle.

Le petit matin mouillé sentait la fumée de houille, la gaufre chaude, le café allongé. C'était la fin septembre, alors décidons qu'il pleuvait sur l'Hudson, juste pour le plaisir d'imaginer

New York sous une voilette de fines rayures comme on en voit danser sur les images des vieux films.

Sonja Henie, dite « la toupie blonde », dix fois médaillée d'or, première patineuse à s'être élancée sur la glace en jupette très courte et bas de soie, en route pour Hollywood où elle devait faire ses débuts au cinéma avec Tyrone Power, fut aussi la première à franchir la coupée entre deux arbitres de l'élégance moustachue, Douglas Fairbanks Jr. et Fernand Gravey.

Mais tout ça n'était encore que de l'amuse-presse en attendant Garbo. La meute était là pour traquer la Suédoise, appareils réglés au plus vif, comme pour une course de lévriers, un meeting aérien, un numéro d'homme-canon, Garbo ne ralentissant *jamais* devant le buisson des Kodak, le visage entortillé dans une longue écharpe opaque, lunettes noires plaquées sur les yeux, fuyant les questions, même celles des officiers de l'Immigration, elle aurait donné n'importe quoi pour être *roadrunner* du désert de Mojave, volatile hyper-rapide de la famille des coucous, celui qui fait *bip*, *bip* dans les cartoons, et de cet oiseau rêvait Garbo dans les ports, halls de gares, lobbies d'hôtels, partout où grouillait l'humain, courant se réfugier haletante, les mains moites, au fond d'une limousine, portières claquées, moteur emballé, pneus qui hurlent, un ange est passé, les flashes n'ont éclaboussé qu'un fantôme affolé.

Il y eut donc un instant de flottement lorsque apparut, au lieu de l'ange suédois, un chérubin inattendu, pas pressé pour deux sous, qui avait l'apparence d'une jeune et mince fille française, une inconnue aux yeux candides, aux sourcils en cœur, adorable sous un béret qui lui allait à ravir, escortée par un grand gaillard heureux qui portait, coquettement perchée sur l'oreille, une improbable casquette de yachtman.

– *Who's that babe[2] ?*

– C'est Danielle Darrieux, bien sûr, dit le représentant de la *French Line* en glissant les doigts sous sa cravate et en l'agitant à la façon d'Oliver Hardy.

– Hello, New York ! susurra Danielle.

Chaque pas qu'elle faisait en descendant la passerelle transformait en enthousiasme la brève déception qu'avait d'abord marquée la presse. New York appréciait la surprise, et surtout que la surprise fût si fondante, qu'elle sût si bien sourire, et battre des mains comme une enfant enchantée, et s'extasier à en bafouiller sur la hauteur des gratte-ciel.

– *Who's that guy with her[3] ?*

2. Qui est cette môme ?
3. Qui est ce type avec elle ?

– Henry Decoin, son mari.
– *How do you spell it*[4]?
– H-e-n-r-y, dit l'homme de la *French Line*.
Trouvant que ça faisait plus américain, il avait pris sur lui de remplacer le *i* de Henri par un *y*.

Après trois jours de folie à New York, quarante-huit heures frénétiques à Chicago, autant à bord du train *Super-Chief* qui reliait la côte Est à la côte Ouest, et après avoir perdu deux kilos (l'odeur de poulet frit qui semblait imprégner le pays tout entier ayant suffi à la gaver), Danielle put enfin s'écrouler dans les bras d'Henri et basculer avec lui sur l'immense lit satiné de la non moins immense suite qui leur avait été réservée au *Beverly Wilshire*.

L'hôtel avait beau être *le* palace incontournable d'Hollywood, Danielle et Henri, qui n'oubliaient pas qu'ils en avaient pris pour sept ans, rêvaient de se sentir chez eux à Los Angeles. Ce qui supposait le préalable d'un foyer que, partout ailleurs, ils auraient dû louer ou acheter. Ils n'eurent pas cette peine à Hollywood : de son *chairman* au plus humble de ses livreurs de bouquets, la toute-puissante Universal était à la dévotion de Mlle Darrieux. On demandait à celle-ci le seul effort de battre des

4. Vous épelez ça comment ?

20

cils (une fois pour oui, deux fois pour non) en tournant les pages d'un catalogue où s'étalaient des maisons encore plus superlatives que les suites du *Beverly*, et pour lesquelles il était entendu qu'Henri et elle n'auraient pas un dollar à payer.

Papa opta pour une pantagruélique villa de style mexicano-californien qui semblait dégorgée d'une douille à pâtisserie, sorte de *cinnamon cake* piqueté de copeaux d'agave, décoré de grappes d'oiseaux-mouches et arrosé du coulis bleu d'une piscine ourlée comme une calligraphie. La friandise immobilière était flanquée d'un garage débordant de voitures noires et luisantes comme des tablettes de chocolat, et d'une généreuse portion d'océan Pacifique servie accompagnée d'un délicieux voilier à cul norvégien.

Malgré quoi, Henri ne tarda pas à se demander ce qu'il foutait là.

Ne parlant pas anglais, il ne comprenait pas grand-chose aux scripts qu'on lui soumettait, ni aux films qu'on lui projetait pour recueillir son avis sur les acteurs américains pressentis comme futurs partenaires de Danielle. On avait bien songé à mettre une traductrice à sa disposition, mais mon père n'avait pas supporté d'entendre cette vieille dame à l'haleine aigrelette lui débiter dans l'oreille des chapelets de fautes de français. De toute façon, il partait du principe qu'aucun des dindons gominés qui se trémoussaient sur l'écran ne serait jamais digne de donner la réplique à sa femme, aussi se fichait-il comme d'une guigne de ce qu'ils pouvaient bien élucubrer. Il se laissait donc aller dans son fauteuil, savourant l'intimité de la salle de projection privée, le moelleux des pilons de poulet frits et des steaks de barracuda, le subtil arrière-goût de riz de la Budweiser, et visionnant les films avec la même nonchalance qu'il mettait à arpenter les longues rues de L.A. – juste pour le plaisir de mettre un pas devant l'autre, sans se soucier de suivre un itinéraire cohérent.

C'est en flânant ainsi de film en film qu'il finit par remarquer la présence des téléphones blancs et les effets dulcifiants qui en découlaient : ces appareils avaient un attrait de friandise lactée, crémeuse, meringuée, qui avait manqué à la génération des combinés noirs, et qui semblait inciter les comédiens à prendre le ton agile et sucré des amoureux pour échanger des répliques comme s'ils suçaient un sucre d'orge, comme s'ils mordillaient des fleurs des champs entre leurs dents.

Et le babil qui courait, léger, de téléphone blanc en téléphone blanc, parut soudain à Henri si charmant qu'il éprouva l'envie irrépressible de comprendre enfin le cinéma américain.

Mais sans en apprendre la langue. Il n'était pas polyglotte. Les langues étrangères provoquaient en lui un sentiment de sidération : comment des milliards d'individus pouvaient-ils se résoudre à s'exprimer autrement qu'en français ? Quelle langue leur permettait de mettre au service de leurs idées des mots aussi précis, aussi beaux dans leur simplicité et dans leur sophistication, des mots aussi dociles à assembler et à faire jouer ensemble, que ceux de la langue française ?

Et donc, décidant qu'il n'était pas question pour lui de pratiquer l'américain, Henri en pratiqua les images. À outrance.

À présent, il consacrait des heures à un même film, le visionnant et le revisionnant sans répit, sans lassitude non plus, acharné à le décortiquer comme au temps du muet, déduisant de chaque plan ce que les dialogues disaient à tout le monde sauf à lui. Il devint expert en la matière, capable d'assister aux premières les plus sélectes et de s'esclaffer à coup sûr, en synchronisation parfaite avec toute la salle, et quand *The End* déboulait du fond de l'écran au son du clairon du 7e de cavalerie ou des violons d'un orchestre viennois, mon père en savait autant que le scénariste lui-même.

Il appliquait le même système d'interprétation sur les plateaux. Faute de pouvoir discuter avec le réalisateur, il s'asseyait dans un coin, à l'ombre d'un portant, pour le regarder travailler. Supputant – avec une réussite de plus en plus fréquente – ce que tel angle de prise de vues ou tel mouvement de caméra allait finalement traduire en fait d'émotion sur l'écran.

Ça devait durer sept ans. Au bout de huit mois, à la demande de Danielle qui continuait de peser le poids d'un elfe, Henri s'assit tour à tour sur les sept malles-cabines de sa femme, et sur la sienne propre, bleu marine et cloutée de cuivre, pour les obliger à se fermer.

Ce n'est pas qu'Henri et Danielle ne se plaisaient pas à Hollywood, c'est juste qu'ils ne s'y pliaient pas. Et ils ne s'y plieraient jamais.

Des maquilleurs avaient voulu transformer Danielle, mettre son visage aux normes hollywoodiennes, elle n'avait pas apprécié, Universal s'attendait à devoir rassurer un petit animal apeuré et le staff découvrait une féline qui rugissait (d'une voix de rossignol), virez-moi ces faux cils, paix à ma bouche, c'est un fruit rose et fragile, pas une flaque de sang, qu'on me détartine, qu'on me débarbouille, aucun coiffeur californien n'attentera à la liberté de mes boucles, j'exige qu'on leur rende leur couleur naturelle ou bien j'appelle mon Henri – et attention ! c'est un terrible, je l'ai déjà vu boxer un type qui n'avait fait que me tenir galamment la porte.

Elle avait quitté le studio en mâchant furieusement un chewing-gum, la seule concession qu'elle fit jamais à l'*american way of life*.

Danielle Darrieux ne laissait derrière elle qu'un seul film hollywoodien, *La Coqueluche de Paris*. Un titre prémonitoire : lorsque le train qui ramenait les Decoin du Havre entra en gare Saint-Lazare, l'accueil fut étourdissant.

Paris était bluffé qu'une femme si jeune, si enfantine en apparence, ait su résister au rêve américain, et qu'elle lui soit revenue avec six ans et quatre mois d'avance.

Empêchés par la pression de la foule de travailler sur le quai, des photographes poursuivaient Danielle en courant sur le toit des wagons rangés sur une voie parallèle à celle du train-paquebot. On se jetait sur les bagages du couple pour en arracher les étiquettes que la *french star* avait peut-être humectées de sa salive, pour en desceller les poignées qu'on supposait imprégnées de la moiteur de ses paumes, pour en couper les courroies dont les tronçons étaient emportés comme des reliques.

Il pleuvait sur Paris comme il avait plu sur Los Angeles. Sauf qu'ici la pluie sentait la suie, le rat. Les taxis, eux, empestaient le pastis mal digéré. Alors on prenait des fiacres, c'était mieux aéré, pour trottiner d'une salle de cinéma à l'autre et se gaver de films dont Henri, enfin, comprenait les dialogues.

En comparaison des comédies délurées qu'il avait vues en Amérique, il lui semblait que le cinéma français était chétif, pâlichon, tristounet. Devait-on en accuser le fait que la France en était toujours à ses téléphones noirs ?

Un peu de patience, pensait Henri, il en sera des téléphones blancs comme du jazz, leur mode finira bien par traverser l'Atlantique et déferler sur l'Europe.

Ce fut la Wehrmacht qui déferla.

Lorsque je vins au monde, la guerre était finie. Enfin presque, Hiroshima était encore une ville sans histoire, Nagasaki aussi. Papa avait cinquante-cinq ans, il n'en pouvait plus d'attendre le débarquement des téléphones blancs. Alors un jour il s'empara du sien, qui bien sûr était noir, et le peignit en blanc.

Ça faisait si longtemps qu'il en rêvait qu'il ne se soucia pas de le poncer, ni d'appliquer une couche d'apprêt. Le barbouillant tel quel, tout vif, à cru, d'une peinture d'après-guerre, une peinture de mauvaise qualité qui ne tarda pas à s'écailler.

Sa couleur d'origine remontant à la surface par plaques irrégulières, le téléphone se mit à ressembler à une sorte de petite vache blanche et noire, la fourche figurant les cornes, le cordon effiloché, entre jaune pisseux et marron excrémentiel, imitant assez bien une queue qui a traîné dans la bouse.

Papa le laqua d'une nouvelle couche de blanc. Cette fois, il investit dans du très haut de gamme, une laque anglaise d'une adhérence incomparable qu'un décorateur de cinéma lui avait rapportée d'Angleterre.

Mais il avait beau le repeindre régulièrement, le téléphone refusait de rester blanc, le noir resurgissait, l'appareil tournait pie, puis carrément corbeau.

Henri y voyait un mauvais présage. Celui de finir sa vie aussi mal qu'il l'avait commencée.

2

Papa a vu le jour dans l'officine de Mme Deslandes, sage-femme, au n° 7 de la rue du Pont Louis-Philippe.

C'était à la toute fin du XIXᵉ siècle, quartier Saint-Gervais, cinquante ans après une épidémie de choléra qui avait fait trois cents morts rien que dans la rue voisine.

Henri était né pauvre, et même plus que pauvre, aîné d'une famille qui vivotait chichement de ce que gagnait la mère en faisant des travaux d'aiguille et des ménages.

Je continue à dire *la mère* parce que j'ai été longtemps sans savoir le prénom de ma grand-mère – Henri faisant silence, tellement silence sur son enfance.

Le peu que j'en ai découvert, de sa jeunesse, j'ai mis un temps pas croyable à le lui arracher.

Par lambeaux, une affiche qu'on dispute au mur, qu'il faut peler par copeaux. Les souvenirs qu'il gardait étaient déchiquetés, et c'est lui qui les avait lacérés exprès, il ne voulait pas qu'on sache, ce n'était pas qu'il avait honte, mais il avait eu tant de mal à échapper à tout ça, il était comme un évadé qui fonce droit devant lui, ne pas se retourner, surtout pas, il sentait encore sur ses mollets, disait-il, l'haleine des chiens de la peur, du froid, toutes ces choses féroces qui l'avaient mordu, et c'est sûrement pour ça, pour dérouter ces chiens au cas où ils auraient retrouvé sa trace, qu'il se parfumait quelquefois le creux des genoux, un parfum de vétiver.

Pour ma grand-mère paternelle, j'aurais pu chercher, consulter les registres de l'état civil; mais devant moi papa ne l'a jamais appelée autrement que *la mère*, c'était intentionnel, il voulait sûrement faire de cet anonymat une sorte de matrice, de nom générique, un nom au-dessus de tous les autres noms.

Aujourd'hui, je sais : elle s'appelait Zoé Anaïs Vrin, elle n'était pas mariée et venait d'avoir dix-huit ans quand Henri vint au monde.

Deux jours après, Joseph Auguste Decoin, employé de commune âgé de vingt-six ans, prit l'enfant dans ses bras pour aller le présenter à la mairie du IVe arrondissement et le revendiquer comme son fils.

Quelque part dans un pli sinueux du vieux Paris, comme disait Baudelaire que papa aimait bien, les Decoin louaient tout en haut d'un immeuble de la rue des Écouffes une moche mansarde. Limite insalubre, s'offusquaient les habitants des étages nobles qui pétitionnaient à tout va pour qu'on les débarrasse de cette misère qui leur trottinait au-dessus de la tête.

Alors, pour le mariage, fête coûteuse entre toutes, bien que les funérailles ne soient pas données non plus, on avait attendu. Près de quatre ans. Et encore, on n'avait régularisé que devant l'imminence d'une nouvelle naissance – Julien, encore un garçon.

On ne s'en plaignit pas : le travail des petits mâles rapporte davantage que celui des fillettes.

Et l'argent manquait : paralysé à la suite d'un accident de voirie, le père de mon père, Joseph Auguste, figure maigre et blême, osseuse, avec des yeux enfoncés tout au fond de leurs orbites, était condamné à végéter sur une chaise roulante.

Le matin, Henri poussait l'infirme près de la fenêtre. Le soir, il le ramenait en arrière. Les premiers travellings de sa vie.

Joseph Auguste aimait à voir passer les femmes. Mais de là-haut, il n'apercevait guère que le sommet d'un chapeau ou d'un fichu, peut-être quelques mèches voletant sur la

31

nuque, le saillant des épaules, le balancé des bras, et quelquefois le renflement des fesses qui tendaient une robe noire.

Pour les faire ralentir, voire s'arrêter carrément à l'aplomb de son perchoir, il leur jetait des miettes.

– Laisse donc ce pain tranquille, grondait Zoé Anaïs, comme si on en avait à foutre par la fenêtre !

– J'en donne juste un peu aux oiseaux, mentait l'infirme.

Quand il atteignait sa cible – encore fallait-il pour ça que le vent soufflant de la Seine ne prenne pas la rue en enfilade – et que les miettes crépitaient sur leur chapeau, les femmes levaient la frimousse vers la mansarde, vers la fenêtre de Joseph Auguste. Alors celui-ci se régalait de leurs yeux, de leur nez, de leur bouche, il n'en demandait pas davantage.

Les rues de Joseph Auguste (car il y en eut plusieurs, il fallait bien déménager quand on ne pouvait plus payer le loyer) furent donc le premier cinéma d'Henri.

La vitre figurait l'écran où défilaient des personnages auxquels, pour distraire son père, le mien inventait des destins terribles. Trouvant son inspiration dans les lambeaux d'illustrés récupérés sur le marché des Célestins et dont les enfants Decoin se servaient pour se matelasser contre le froid.

— Le garçon boucher de la rue des Jardins Saint-Paul va tuer la coiffeuse de la rue Cloche-Perce, chuchotait Henri. Ce coup-ci, papa, c'est du sûr. Même que c'est pour bientôt, pour aujourd'hui peut-être.

Et en rentrant de l'école, Henri, de sa voix qui n'avait pas encore mué, lançait un long cri de coiffeuse assassinée.

— Ça s'est passé comme tu l'avais dit, confirmait Joseph Auguste quand le gamin réintégrait le logis. Ce hurlement qu'elle a poussé, la pauvre femme !

— Et tu ne sais pas le plus beau, papa : finalement, la coiffeuse n'est pas morte.

— Blessée seulement ?

— La lame a ripé entre deux côtes. Elle va s'en tirer.

— Et le garçon boucher ?

— Il a réussi à fuir.

— Allons, tant mieux, disait Joseph Auguste. Ces pauvres gens m'auraient manqué.

Ainsi Henri apprenait-il à deviner, entretenir et satisfaire les attentes de son public.

Lorsque Joseph Auguste eut vent que le laitier du quartier cherchait un marmot à tout faire, Henri fut arraché à l'école communale pour devenir livreur de lait.

Il avait huit ans.

Il se levait chaque matin à cinq heures moins un quart, filait chez le laitier prendre la carriole pleine de bidons, s'attelait aux brancards et partait faire sa tournée.

Comme la plupart des immeubles étaient sans ascenseur et qu'il n'avait pas la force de charrier plus de deux bidons à la fois, il devait faire plusieurs voyages dans les étages.

Il commençait toujours par le rez-de-chaussée dans l'espoir que le raffut qu'il déclenchait en entrechoquant ses bidons suffirait à faire fuir les assassins, les monstres ou les loups, qui, il en était sûr, avaient passé la nuit embusqués dans l'escalier à l'attendre pour se jeter sur lui et le massacrer.

Henri craignait par-dessus tout d'être tué d'un coup de couteau dans le ventre.

Il croyait déjà voir son sang se mêler au lait renversé, formant une coulée rose et visqueuse que les chiens de l'aube viendraient laper. Il se figurait crevant aux petites heures, dans des gargouillis répugnants. Se demandant avec angoisse s'il allait avoir très froid au fond de l'abdomen quand on le lui aurait ouvert de bas en haut, et si ses boyaux allaient sentir mauvais en se répandant hors de son ventre.

Penchés sur lui, les gens de sa rue diraient qu'il avait été un enfant pauvre. Ça, il n'en avait pas honte. Mais en reniflant sa puanteur, en pataugeant dans ses entrailles répandues dans l'escalier, les gens diraient aussi quel gosse dégoûtant tu fais, Henri, mourir comme ça c'est à vomir. Cette pensée lui était intolérable. S'il était éventré, il faudrait qu'il se souvienne de sortir son mouchoir de sa poche pour l'étaler à côté de lui afin que les gens puissent s'en saisir au plus vite pour se boucher le nez.

À partir du troisième ou du quatrième étage, Henri reprenait confiance : si personne ne lui avait encore sauté dessus, c'était que l'embuscade était remise à une tournée ultérieure.

Il se mettait à siffloter. S'asseyait sur une marche, histoire de souffler un peu. Débouchait un bidon, avalait une ou deux gorgées de lait. Deux gorgées d'enfant, personne ne s'en apercevrait.

Mais dès l'immeuble suivant, la peur lui tordait à nouveau l'estomac. Il régurgitait le lait qu'il venait de lamper.

Il en allait ainsi jusqu'à ce que le jour se lève sur la ville. Les gens partant à leur travail et le croisant dans l'escalier. Henri se rangeant poliment le long du mur pour les laisser passer.

Sauf quand il s'agissait d'une femme qui sentait bon – là, au contraire, il s'arrangeait pour que la femme soit obligée de le frôler, alors il respirait un grand coup et s'envoyait au fond des narines une odeur de poudre de riz, de lavande, de fard à joues au coquelicot.

Même ajouté aux ménages de sa mère, le maigre salaire d'Henri ne suffisait pas à nourrir la famille. Mais depuis que le quartier savait qu'un des petits Decoin travaillait pour le laitier, les commerçants rechignaient moins à faire crédit.

Il était temps, on en était au point où la mère n'avait même plus de quoi préparer le plat rituel qu'elle servait tous les dimanches : le haricot de mouton sans mouton.

Encore un peu, et ça serait le haricot de mouton sans mouton et sans haricots.

Je n'ai jamais réussi à savoir ce qu'elle mettait dedans. Ce n'est pas faute d'avoir interrogé mon père. Mais lui non plus ne savait pas. Personne n'avait jamais su. C'était le secret de Zoé Anaïs, le double salto de l'amour et de la misère, une recette qu'elle refusait de révéler – elle disait la tenir d'un ange.

D'après Henri, l'ingrédient principal était l'eau chaude. Mais travaillée par sa mère, cette eau chaude tournait en une sorte de bouillie épaisse avec une appétissante coloration d'un brun mordoré. C'était la preuve qu'elle avait dû y faire mijoter quelque chose, mais quoi ? Des os, peut-être ? Non, disait Henri, pas des os – les os, ça aurait fait monter des yeux à la surface, et là il n'y avait rien pour engraisser le bouillon. C'était vraiment de l'eau chaude, à 99 % de l'eau chaude, mais comme ensorcelée.

Henri avait ses propres recettes contre la faim. Il attrapait des sauterelles, leur arrachait les pattes pour les empêcher de se sauver, les mettait dans une vieille boîte de conserve, allumait un feu sous la boîte, et quelques minutes plus tard il boulottait les insectes grillés. Ça avait un petit goût de noisette et de moelle. Quelquefois, quand Joseph Auguste s'assoupissait avant d'avoir fini son verre de gros rouge, Henri lui chipait le reste de vin et le versait sur ses sauterelles. Il posait une pierre en guise de couvercle sur la boîte et cuisait les bestioles en ragoût.

Mais il les préférait grillées, à cause du côté croustillant.

Vers treize ou quatorze ans, Henri quitta le laitier pour entrer comme apprenti chez un fourreur juif, à la lisière nord du bois de Vincennes.

Une des tâches d'Henri consistait à aller récupérer chez un tanneur les peaux que Lazare[5] transformait ensuite en manteaux, étoles, toques et manchons.

Même soigneusement écharnées et dégraissées à la sciure de bois, à l'argile et au plâtre, les peaux continuaient d'exhaler une odeur bestiale qui imprégnait la blouse d'Henri et troublait les femmes.

Sous prétexte d'admirer de plus près les dépouilles qu'il transportait dans sa charrette à bras, certaines commerçantes faisaient entrer Henri dans leur arrière-boutique. Elles dénouaient leur tablier, ôtaient leur caraco, se drapaient de renard bleu, de civette, d'agneau mort-né, de loutre ou de lapin doré. Elles prenaient des poses, demandaient à Henri ce qu'il en pensait. Lui, bien sûr, il s'extasiait. Tournant si bien ses compliments qu'il y gagnait souvent le droit de malaxer un sein un peu gras ou de plonger sa langue dans une grande bouche molle encore tiède de sommeil et de café au lait.

Dans l'espoir d'obtenir un peu plus que ces pitougnages et ces léchouilles, il s'engageait,

---

5. Nom que j'avoue imaginaire, n'ayant jamais réussi à retrouver avec certitude le patronyme de cet homme bon parmi les bons, dont seule la judaïté est certaine. Mon père disait simplement « le patron ».

donnant-donnant, à obtenir une remise à la boutiquière si elle commandait une fourrure.

— Tu cherches ma ruine, ou quoi ? hurlait Lazare. Est-ce que tu veux voir l'atelier en faillite, mes fils privés d'héritage, et toi sur le pavé ?

Henri n'avait plus qu'à retourner prévenir la commerçante que l'affaire ne se ferait pas, du moins pas aux conditions imprudemment annoncées.

Le plus souvent, la femme n'était même pas déçue. Soulagée, plutôt, ayant passé une nuit moite à se demander comment elle allait annoncer à son mari qu'elle s'était commandé un tour de cou en ragondin.

Elle serrait très fort Henri contre sa poitrine qui sentait la brioche :

— Ça ne fait rien, va ! Seulement maintenant, mon garçon, il va falloir que tu m'aides à l'oublier, ce ragondin...

Dans ces commerces où tout ce qu'on pouvait grappiller comme espace était dévolu à la marchandise, l'arrière-boutique faisait souvent office de chambre. Le lit n'était pas encore défait. De peur de signer son passage en imprégnant l'oreiller de sa petite odeur fauve, Henri évitait de se coucher du côté du mari.

À en croire Lazare, Henri avait le don pour la fourrure. Il était le meilleur apprenti de l'atelier pour étirer, craminer et gratter les peaux, et surtout pour les lustrer afin de masquer les défauts dissimulés dans l'épaisseur soyeuse des poils.

— Tu serais juif avec un peu de poil au menton, je te prendrais bien comme associé : *Lazare Fils & Decoin*, en voilà une enseigne !

— Je vous promets la barbe pour bientôt, patron, noire et bouclée. Quant à être juif, je ne demande que ça.

Depuis quelque temps, Henri avait pris pension chez le fourreur. Et pour la première fois de sa vie, il mangeait à sa faim. Car contrairement au Dieu des catholiques qui vouait tous les rassasiés à la géhenne, le Dieu d'Israël, du moins chez les Lazare, tenait table ouverte. Et non seulement cette table était bien garnie, mais elle était délicieuse et joyeuse.

Être juif semblait donc à Henri une des conditions nécessaires et suffisantes du bonheur.

Il fut extraordinairement désappointé d'apprendre qu'on ne pouvait être juif que par les femmes. Sa mère, la mère de sa mère, la mère de la mère de sa mère, et même ses tantes, étaient toutes de foutues goyim. Il n'avait aucune chance d'être juif.

Du coup, il crut comprendre pourquoi ses débuts dans l'existence avaient été plus pénibles que ceux des trois fils Lazare.

Henri usait de divers expédients pour se débarrasser de l'odeur de tannage qui lui collait après. N'ayant pas de quoi s'acheter du vrai savon, il se frottait au sable, au gravier, à la cendre.

Jusqu'au jour où, par curiosité, il franchit le portillon d'une piscine municipale.

Dédié aux ablutions autant qu'à la natation (on recevait un morceau de savon en même temps que la serviette et le caleçon de location), le bassin était en réalité un bouillon de culture infect. Henri (qui deviendrait Henry pour l'occasion) s'en souviendrait plus tard, avec nausées rétrospectives, en écrivant son manuel du parfait nageur[6] : «À cette époque, ce qu'on appelait piscine n'était qu'un innommable trou rempli d'eau où on nageait en compagnie des microbes de la typhoïde, de la tuberculose et de la diphtérie. Pour entrer là-dedans, il valait mieux se boucher le nez pour ne pas sentir l'odeur de croupi et fermer les yeux pour ne pas voir la crasse qui collait aux parois!»

Mais papa n'avait jamais pataugé que dans la Seine, sous le pont Louis-Philippe où on lavait les chiens, quai Saint-Paul où on baignait les

---

6. *La Natation ou On doit savoir nager comme on sait marcher*, par Henry Decoin, Champion et Recordman de France (Éd. Nilsson).

chevaux, alors cette piscine lui parut aussi éblouissante, pure et saine qu'une source miraculeuse.

L'accumulation de milliers de litres d'eau lui donnait des reflets bleus. C'est cette couleur qui, plus que tout, l'attira. Le bleu n'existant pour ainsi dire pas chez Joseph Auguste et Zoé Anaïs qui faisaient surtout dans le marronnasse et le cacateux, ni chez les Lazare où dominaient les teintes animales, le camaïeu des fauves et des gris.

Il se dit qu'il avait trouvé là le plus beau moyen de se désempuantir.

Il courut et plongea, oubliant de se déshabiller.

Oubliant aussi qu'il ne savait pas nager.

Il commença par couler. Parvenu au fond, il eut le réflexe de donner un coup de pied qui le fit remonter à la surface, mais juste le temps nécessaire pour jeter un ultime regard sur ce monde qu'il allait quitter.

Il vit le maître nageur qui déambulait le long du bassin, avec sa perche en bambou équipée d'un croc pour repêcher les élèves en difficulté. Henri gesticula pour lui faire comprendre qu'il était lui-même quelqu'un en difficulté. Mais le maître nageur n'appréciait pas les baigneurs qui sentaient le putois mort et barbotaient tout habillés, alors il détourna son regard. Ce qui, paradoxalement, rassura Henri : si on ne lui venait pas en aide, pensa-t-il, c'était sans doute qu'il ne risquait pas grand-chose.

Il était déjà d'un optimisme irréductible.

Pourtant, il s'enfonçait. Il avait fermé la bouche, mais l'eau s'engouffrait dans ses narines, dévalait dans sa gorge, son cœur s'emballait, sa noyade était imminente.

C'est à cet instant qu'il aperçut une jeune fille assise sur la margelle du bassin. Ses longues jambes pendant dans l'eau, elle s'évertuait à regrouper la masse de ses cheveux noirs sous un bonnet de bain.

Henri n'avait jamais vu une fille aussi belle. Il éprouva un sentiment de révolte à l'idée qu'il allait mourir sans seulement savoir comment elle s'appelait.

Il se démena avec l'énergie du désespoir. Frappant l'eau des bras et des jambes, se contorsionnant en furieux coups de reins, il parvint à s'approcher de la fille assez près pour la saisir aux chevilles. Elle commença par donner des ruades avec ses longues jambes en lui intimant l'ordre d'aller faire le pitre ailleurs. Toussant et crachant, Henri répondit qu'il ne faisait pas le pitre, qu'il essayait seulement de ne pas se noyer.

Il devait y avoir quelque chose de terriblement sincère dans son regard, car Antoinette soupira et lui tendit la main pour l'aider à se hisser sur le rebord du bassin.

– Faites excuse, dit Henri. Je ne sais pas nager.

– Taratata! rétorqua Antoinette. Bien sûr que si, vous savez nager. Vous venez de traverser la piscine dans toute sa largeur. Voyez, vous êtes parti de là-bas et vous êtes arrivé ici. Quelqu'un qui ne sait pas nager n'aurait jamais pu franchir une pareille distance.

Se retournant pour considérer le trajet qu'il venait en effet de parcourir, Henri fut obligé d'admettre qu'à défaut de savoir nager avec l'aisance tranquille des autres baigneurs, il était parfaitement capable de se déplacer dans l'eau.

Alors il se mit à fréquenter assidûment la piscine.

Il venait tous les soirs, dès que le fourreur lui rendait sa liberté, et gigotait dans l'eau jusqu'à ce que résonne la trompette annonçant la fermeture.

Antoinette le couvait des yeux. Un jour, elle apporta un chronomètre et mesura le temps que mettait Henri à couvrir une longueur de bassin. Elle n'avait pas la moindre idée du temps d'un vrai champion, mais elle était amoureuse, alors elle se mit à gambader autour du bassin en brandissant son chronomètre et en criant qu'Henri était à deux doigts de battre le record de France.

— Foutaises, dit le maître nageur. Il y a quinze jours, ce type était au bord de la noyade.

— Depuis, il m'a rencontrée, répliqua Antoinette. Ce n'est plus l'eau qui le porte, c'est l'amour.

— Donnez-moi votre chrono qu'on vérifie, dit le maître nageur.

Il décompta le temps d'Henri sur cinquante, sur cent, puis sur deux cents mètres. Mon père était loin, très loin du record de France, mais le maître nageur dut convenir que, si l'on faisait abstraction de son style abominable (il n'avait jamais vu quelqu'un nager de façon si furibonde et désordonnée), Henri ne se débrouillait pas trop mal.

— Et si je t'entraînais ? proposa-t-il à mon père.

— Pour quoi faire ?

— Pour rien, juste pour la gloire.

Henri n'avait jamais entendu dire qu'on pouvait se donner du mal sans rien attendre de concret en retour. Il venait à la piscine pour évacuer l'odeur entêtante des peaux, et parce que après chaque séance de natation Antoinette lui offrait un quinquina au café d'en face. Après quoi, elle l'embrassait. Sa langue avait un petit goût d'eau de Javel et de vin cuit.

45

C'étaient là des récompenses tangibles qui le payaient de ses efforts. Mais la gloire, à quoi ressemblait la gloire, et qu'est-ce qu'on pouvait bien en faire ?

Zoé Anaïs se faisait un devoir de préparer le haricot de mouton sans mouton – un devoir, pas une gloire. Chez les Decoin, sous le règne de Joseph Auguste, tout ce qu'on entreprenait devait rapporter quelque chose d'utile, c'est-à-dire de comestible ou de combustible.

Alors, quand Henri parla de s'entraîner à nager pour la gloire, sa mère le regarda comme s'il était devenu fou ; et elle enfouit son visage dans ses mains.

Joseph Auguste hochait la tête en silence. Déjà qu'il se figurait mal ce que c'était que nager – alors, nager pour la gloire, pensez donc ! D'ailleurs, où aurait-il pu voir nager un homme ? Des noyés qu'on sortait du fleuve, ça oui, il en avait vu quand la famille avait habité un temps sur le canal de l'Ourcq. Mais quelqu'un qui s'allongeait sur l'eau comme sur l'encolure d'un cheval, il n'imaginait même pas que ça pût exister.

– Attends seulement que je commence à m'entraîner, lui dit Henri, je viendrai te chercher, je roulerai ton fauteuil jusqu'à la piscine, je te porterai sur les gradins, tout là-haut dans mes bras, pour que tu me voies gagner.

46

– Et après, on ira boire un Dubonnet ?

Tassé au fond de sa chaise roulante, enveloppé de châles bruns qui le faisaient ressembler à un bananier en fin de vie, Joseph Auguste avait longtemps fait le rêve de tremper ses lèvres dans ce Dubonnet dont la réclame le narguait, étalée en grandes lettres blanches sur le mur aveugle qui faisait face à sa nouvelle tanière.

Lazare, lui, leva les bras au ciel en apprenant ce que mijotait son apprenti : si Henri avait un avenir, ce qui restait encore à démontrer puisqu'il avait la malchance d'être goy, c'était dans les peaux, pas dans l'eau.

– Reste ici, dit le fourreur. Reste ici avec moi, mon gars, et tu reprendras la boutique.

– Impossible, patron : je ne suis pas juif.

– Je peux arranger ça, dit Lazare. Je t'adopte.

– Ça ne me fera pas juif pour autant, dit Henri. Vous n'êtes pas une femme, ça ne compte pas.

– Et si ma femme t'adoptait aussi ? Hein, qu'est-ce que tu penses de ça ?

La femme du fourreur était grande, plantureuse, la bouche gourmande, tandis que la mère d'Henri était petite, osseuse, avec des lèvres décolorées qui se recroquevillaient comme pour se cacher dans sa bouche. Tout plaidait en faveur de Mme Lazare.

47

– C'est que j'ai déjà une mère, dit néanmoins Henri. Et je l'aime.

On négocia jusque tard dans la nuit.

– Je pourrais gratter les peaux toute la semaine et nager le dimanche, finit par proposer Henri.

– Tope là ! dit le fourreur.

Il était pressé de conclure, c'était shabbat, on n'aurait jamais dû parler affaires.

– Mais le dimanche, reprit Henri, c'est le jour de repos du maître nageur. S'il doit m'entraîner ce jour-là, il va réclamer des sous.

Le lendemain, Henri annonça au maître nageur qu'il acceptait de nager pour la gloire. Un certain Lazare, fourreur du côté de Vincennes, s'engageant à régler le surcoût de l'entraînement dominical.

Ce soir-là, Antoinette lui paya un double quinquina. Elle était si fière de lui. En sortant du café, elle se laissa embrasser comme d'habitude. Mais elle ne se contenta pas de ça. Elle avait, dit-elle, assez d'argent sur elle pour une chambre d'hôtel.

Henri et Antoinette durent marcher longtemps sous la pluie avant de trouver un hôtel qui acceptât de les recevoir. Ils n'inspiraient pas confiance. Mon père n'était encore qu'une espèce d'enfant.

3

Certains soirs d'hiver, Henri quittait l'atelier Lazare avant la tombée de la nuit. Il rejoignait à pied les bords de Seine, à hauteur du quai d'Austerlitz, là où l'on construisait un bas-port. C'était loin, toute une expédition depuis Vincennes, on traversait des friches où il ne faisait pas bon traîner dans l'obscurité, mais ça en valait la peine.

Henri commençait par s'enduire le corps de graisse puante récupérée chez le tanneur afin de se protéger de la froidure de l'eau – il n'était pas rare, à cette époque, que le fleuve charrie des glaçons.

Puis il s'avançait dans le halo d'un bec de gaz, il faisait jouer ses biceps et sifflotait l'air de *Bon voyage, monsieur Dumollet* pour attirer l'attention des badauds et des voyageurs qui sortaient de la gare. Quand il estimait le public assez fourni, il plongeait dans l'eau noire et nageait jusqu'à la rive opposée où il émergeait au milieu des rats et des détritus.

La lumière des réverbères jouant sur son corps brillant de graisse et d'eau, il ressemblait à un poisson sombre et magnifique. La mode était aux pseudonymes de foire, il se faisait appeler Riton le Triton.

On lui lançait des pièces, comme à un chanteur des rues. Après les avoir enfournées dans son maillot, Henri entonnait à nouveau *Bon voyage, monsieur Dumollet* pour rameuter de nouveaux spectateurs, et repassait le fleuve dans l'autre sens.

Il accomplissait ainsi une vingtaine de traversées, jusqu'à ce que le poids des pièces récoltées l'alourdisse au point de gêner sa nage.

Sans être aussi célèbre que les naïades Frauendorfer, Herxheimer et Kellermann, championnes de la Traversée de Paris à la nage, Riton le Triton finit par avoir ses supporters attitrés – des matelassières qui s'installaient sous les ponts pour carder leur laine, des lavandières, des clochardes, tout un petit peuple de femmes pauvres qui, à défaut de lui jeter la pièce, l'avertissaient lorsque déboulaient militaires, douaniers ou gardiens de la paix. Car, un arrêté interdisant la baignade en pleine eau, Henri était souvent pris en chasse par la police des berges.

S'aidant du courant, il nageait alors à toute vitesse vers l'aval, se faufilait entre la rive et les péniches à l'amarre, s'accrochait au bachot du marinier qui, à l'aide d'un croc, repêchait les charognes flottant au fil de l'eau – la barcasse exhalait une telle odeur de putréfaction que les agents préféraient convenir que Riton le Triton, cette fois encore, leur avait échappé.

De toutes les nuits, celle de Noël était la plus rentable.

Un 24 décembre où il neigeait, Henri gagna ainsi près de cent francs. Après être ressorti du fleuve en grelottant de tous ses membres, avec un goût de vase dans la bouche et la peau violacée par le froid, il se traîna jusqu'au boulevard en quête d'une boutique où il pourrait acheter de quoi offrir un réveillon mémorable à sa famille. Il misait surtout sur une charcuterie, c'était le genre de commerce où l'on se sentait millionnaire avec cent francs. Mais à l'exception des bistrots, tous les magasins étaient déjà fermés. Les rideaux de fer commençaient à se recouvrir d'une croûte neigeuse où les passants s'amusaient à graver leur nom.

Henri fit comme eux. Pour la première fois, son nom apparut sur le boulevard. Le hasard voulut que ce soit à proximité d'un débit de boissons qui proposait aussi des séances de cinématographe.

Ni Henri ni Antoinette, pourtant une fille délurée à l'affût de toutes les nouveautés, n'avaient jamais vu le cinématographe. Ils avaient demandé de quoi il s'agissait, on leur avait expliqué, ils avaient fait la moue (elle), haussé les épaules (lui). Quitte à dépenser leurs sous, ils préféraient le bal, le caboulot – ils raffolaient des pieds de porc panés, ils en suçaient soigneusement les petits os qu'ils emportaient pour disputer ensuite de fiévreuses parties d'osselets dont les emboîtages parfaits leur paraissaient une métaphore idéale de leur amour.

Un jour, le maître nageur apprit que des opérateurs de la société Omnia Pathé avaient tourné un film d'une minute trente sur des nageurs.

À en croire ceux qui avaient eu le privilège de le voir, ce film était un vrai miracle : sur l'écran, les champions nageaient trois fois plus vite qu'aucun homme au monde avant eux.

Il y avait encore peu de théâtres cinématographiques, même dans les grandes villes. En banlieue, il fallait attendre le passage d'un cinéma ambulant. Il en vint bien quelques-uns à Vincennes, mais des minables qui n'avaient à montrer que de vieilles bandes comme *Les Gendarmes sont sans pitié* (scène de genre), *Au feu, ma chemise brûle* (scène comique) ou

Salomé (fantaisie en couleurs artistiques peintes à la main sur pellicule).

Rien sur des nageurs.

C'est alors que s'annoncèrent les Tournées Ketorza, le plus fameux des cinématographes itinérants, un convoi ferroviaire qui faisait le tour de France avec pas moins de quatorze wagons pour transporter les chaises dorées recouvertes de velours rouge, le pavillon démontable qui abritait la salle de spectacle, l'appareil de projection, son écran, l'orgue pour la musique, les dromadaires et les fauves, les antipodistes et les écuyères, car les Tournées Ketorza présentaient aussi un spectacle de cirque au cœur duquel le cinéma n'était qu'un amusement à mi-chemin de l'entrée des clowns et du numéro du magicien qui sciait sa femme en deux.

Lors de la parade dans les rues, le bonimenteur avait annoncé qu'après *Les Chutes du Niagara* et *Le Crime d'un valet de chambre*, on donnerait *Nageurs* (scène sportive). Les Tournées Ketorza garantissaient une projection sans sautillements, sans fatigue pour les yeux, un spectacle familial qui laisserait à tous un souvenir impérissable.

– Ça vaudrait le coup de voir ça, fiston, dit le maître nageur à Henri, rien que pour le rêve.

Le rêve était cher : 2 fr. pour une place réservée, 1,50 fr. pour un fauteuil de balcon,

30 centimes pour une simple chaise dans la rangée du fond.

Henri demanda au fourreur de lui payer une place réservée (le film étant très court, il fallait être bien placé pour être sûr de ne pas en perdre une miette), en échange de quoi il s'engageait à distribuer aux spectatrices des tracts vantant l'excellence des fourrures Lazare & Fils.

Les habitués de la piscine vinrent en foule. Pour accompagner la minute et demie de projection consacrée aux nageurs, l'organiste des Tournées Ketorza joua *La Grande Porte de Kiev* de Moussorgsky. Dommage qu'il y ait eu tous ces papillons de nuit virevoltant dans le faisceau de la lanterne et projetant leurs ombres hideuses sur l'écran, dommage aussi cette odeur de ménagerie qui prenait à la gorge.

— Jamais vu nager aussi vite ! chuchota Henri à l'oreille du maître nageur.

— C'est le cinématographe, mon garçon. Ça produit toujours cette illusion, à ce qu'il paraît.

— N'empêche, dit Henri. Ça vaudrait la peine d'essayer d'aller aussi vite en vrai, non ?

— Si tu y arrives, dit le maître nageur, tu es le champion des champions.

Après avoir nagé un peu pour la gloire et beaucoup sous son pseudo de Riton le Triton, ce qui lui avait valu d'être fiché par la police des bords de Seine comme «individu présentant probablement des troubles mentaux, non armé mais constituant un danger potentiel pour la sécurité du trafic fluvial», Henri décida donc de nager comme au cinéma.

Antoinette ne voulut pas le décourager, mais elle pensait qu'il n'y parviendrait pas. Enthousiasmée par le spectacle des Tournées Ketorza, elle était retournée plusieurs fois assister aux projections. Elle en avait déduit qu'Henri se trompait en croyant qu'il allait pouvoir faire en sorte que sa vie ressemble à ce qu'il avait vu sur l'écran : c'était le cinéma qui cherchait à ressembler à la vie, pas le contraire.

Au cours des mois qui suivirent, elle le regarda martyriser les muscles de ses épaules et de ses jambes, s'efforçant de nager l'*over-arm-stroke* aussi bien que dans le film, et surtout le *trudgeon*, nage exténuante et violente inventée par les Indiens d'Amazonie pour échapper aux caïmans. Henri souffrait à en crier. À ne plus pouvoir gratter les peaux chez Lazare. À ne plus pouvoir refermer ses bras autour d'Antoinette qui avait pourtant une taille de guêpe.

La piscine n'était plus pour lui un bassin mais un écran qu'il s'acharnait à traverser aussi vite que les nageurs des Tournées Ketorza. Les jambes du maître nageur qu'il voyait dressées sur le rebord de la piscine figurant le pied où, pour s'encourager, il imaginait qu'était fixée une caméra qui le filmait.

Car il avait compris que la caméra n'était pas qu'une mécanique genre moulin à café amélioré qui enregistrait des images : elle faisait d'un homme banal un héros de tragédie, tel le domestique de *Crime d'un valet de chambre* (scène sociale), elle transformait de simples nageurs en torpilles, et avec un peu de souffrance et beaucoup de chance, elle pouvait faire d'Henri un champion.

En 1907, cherchant des extérieurs pour tourner des scènes du *Comte de Monte-Cristo*, le producteur William N. Selig et le réalisateur Frank Boggs escaladèrent, sur les hauteurs de Los Angeles, une colline grillée par le soleil, plantée d'arbres poussiéreux, avec vue sur le Pacifique. Ils s'arrêtèrent tout en haut, épuisés. Ils avaient sous les yeux ce qui allait devenir Hollywood. Ils n'en savaient rien. Pour eux, c'était juste un décor qui pourrait passer pour méditerranéen. Les journaux californiens ne consacrèrent d'ailleurs pas une ligne à leur trouvaille. Le *Los Angeles Times*, par contre, citait dans ses pages sportives le nom du nouveau recordman de France de natation, un garçon de dix-sept ans qui s'appelait Henri Decoin.

4

Henri nagea pendant cinq ans, de plus en plus vite.

Comme s'il avait hâte de prendre le large, de laisser loin dans son sillage ses terreurs de livreur de lait, l'odeur des bêtes mortes, les déménagements à la cloche de bois, les culottes qu'on usait jusqu'à ce qu'on devine le rose des fesses à travers la trame, la mère n'avait plus qu'à y taillader des lanières pour en faire des brassards de deuil quand il y avait un mort dans la famille, il suffisait alors de les passer au charbon pour les noircir, en espérant que le temps ne se gâterait pas trop le jour de l'enterrement parce que, quand il pleuvait, ce deuil de suie vous dégoulinait des coudes en rigoles noires.

Il fuyait aussi le souvenir d'Antoinette retournée s'asseoir au bord de la piscine, à faire des ronds dans l'eau avec ses pieds dans l'espoir qu'un nouveau nageur en difficulté viendrait se prendre à ses orteils.

C'est en la regardant arrondir ses bras blancs sur la table du café, les arrondir comme une bouée dodue, qu'Henri avait fini par comprendre qu'elle était de ces femmes qui préfèrent les hommes qui se noient, plus faciles à consoler que ceux qui volent sur l'eau.

Tout ce qui les avait réunis les éloignait à présent.

À force de monter sur les podiums, Henri avait pris goût au mousseux, puis au champagne, tandis qu'Antoinette en restait modestement à son quinquina. Au café, désormais, chacun avait sa soucoupe, chacun payait sa consommation de ses propres sous, c'était quelque chose en moins qu'ils partageaient, jusqu'à devenir un sujet de dispute quand Antoinette reprochait à Henri d'être trop prodigue (mot qu'il confondait avec prodige – oui, il était un enfant prodige, et alors ?). Il l'accusait en retour de se contenter de peu, comment pouvait-elle espérer s'étourdir avec cette fade mièvrerie de quinquina ? Alors elle répliquait, les yeux embués de larmes, qu'il n'avait pas toujours dit ça, qu'il était bien content qu'elle le lui paye, le quinquina, quand il n'avait pas de quoi.

Ils se donnaient des rendez-vous où ils n'allaient finalement ni l'un ni l'autre, ce qui fait qu'ils ne pouvaient même pas s'accuser d'avoir attendu en vain.

Lorsqu'ils furent incapables de trouver des raisons de s'en vouloir, ils surent qu'ils ne s'aimaient plus.

Assistant un jour à un match de water-polo, Henri fut enthousiasmé par ce jeu où, tout en nageant sans jamais s'arrêter (il était interdit de prendre pied sur le fond de la piscine ou de seulement s'appuyer contre la bordure), il fallait loger un ballon dans la cage de but adverse.

Une espèce de rugby aquatique, en plus violent. En plus vicieux, surtout : grâce à l'ébullition permanente qui régnait dans le bassin et aux éclaboussures qui brouillaient parfois la vision de l'arbitre et des deux juges de but, on pouvait sans grand risque s'autoriser les pires vacheries telles que la ruade dans les parties génitales ou le coup de pied dans le nez. Il n'était pas rare que, lançant le bras en avant pour crawler vers le but, un joueur en profite pour planter deux doigts dans les yeux d'un adversaire, procéder à un tirage de moustache ou à une torsion d'oreille.

Henri regrettait de n'avoir pas connu les débuts du water-polo, que l'on pratiquait alors juché sur des barriques imitant des chevaux, les joueurs frappant la balle – un sac gonflé comme une outre – à l'aide d'une pagaie, puis plus tard d'un maillet inspiré de ceux du polo équestre. On cognait avec le même entrain sur les cavaliers adverses que sur la balle, ce qui avait pour effet de transformer le match en une rixe sauvage. Les joueurs s'empoignaient, s'assommaient, se mordaient, se déchiraient leurs maillots, jusqu'à ce que la partie s'achève dans un méli-mélo de corps nus, ruisselants d'eau, de bave, de morve et de sang.

Le public américain avait adoré ça. Mais très vite les Anglais s'étaient mêlés de codifier ce sport. Avec leur agaçante obsession du fair-play, ils avaient proscrit l'usage des maillets, ce qui empêchait de massacrer l'ennemi aussi efficacement que par le passé. Heureusement, ils avaient aussi supprimé les barriques, transformant les jouteurs en simples nageurs qui, à défaut de désarçonner l'adversaire, ne se privaient pas de lui enfoncer la tête sous l'eau et de l'y maintenir jusqu'à ce qu'il lâche le ballon.

À l'issue du match, tout le monde s'engouffra dans le café d'en face où l'équipe gagnante avait fait savoir qu'elle arrosait sa victoire par une tournée générale. Aucune importance si cette équipe n'était pas celle qu'on avait encouragée :

l'essentiel était d'entrer boire un coup et de monter les joueurs les uns contre les autres jusqu'à ce qu'ils recommencent à s'étriper – dans la sciure du troquet, cette fois.

En temps normal, papa aurait adoré participer au pugilat, mais il avait des décisions à prendre concernant son avenir. Il préféra donc aller attendre sous la pluie, seul et songeur, l'omnibus automobile Batignolles-Jardin des Plantes.

Après avoir décroché sept titres de champion de France et pulvérisé quelques records, il pensait en avoir assez fait pour la gloire.

Une gloire qui avait d'ailleurs fini par être payante : grâce aux primes touchées lors de certains critériums, il avait pu aider Zoé Anaïs à mettre enfin du mouton dans son haricot de mouton sans mouton (ce qui, curieusement, n'en changeait pas tant que ça la saveur) et Joseph Auguste avait réalisé son rêve de goûter au Dubonnet.

Mon père avait vingt ans. Il n'avait jamais été un enfant. Trop tôt privé d'école, il n'avait pas eu le temps de goûter aux bagarres des cours de récré. Il cherchait quelque chose qui y ressemble. Le water-polo, se dit-il en grimpant sur l'impériale de l'omnibus, était probablement ce qu'il lui fallait.

Le 5 mai 1912, sous un soleil admirable, le roi Gustav V de Suède inaugura à Stockholm la Ve Olympiade de l'ère moderne.

Henri figurait comme capitaine de l'équipe de France de water-polo parmi les deux mille quatre cent sept athlètes qui défilèrent dans le stade flambant neuf.

Il avait fait à cette occasion sa première traversée en bateau.

Il était resté accoudé au bastingage une bonne partie de la nuit. Ce n'était d'ailleurs pas une vraie nuit car, sous ces latitudes et à cette époque de l'année, la clarté ne disparaissait jamais tout à fait, des éclats de lumière pâle et laiteuse continuant de flotter au ras de l'eau comme si le jour avait coulé en abandonnant ses épaves au gré de la houle.

Passé l'île de Gotland, l'air s'était brusquement rafraîchi. Henri avait regagné l'intérieur du paquebot. Ce n'était pas le moment de tomber malade.

Avant que le bar ne ferme, il avait bu un Dubonnet à la santé de Joseph Auguste, un quinquina en souvenir d'Antoinette, et commandé un magnum de champagne en hommage à lui-même.

Il avait fraternisé avec des sportifs d'autres nations, et tous ensemble avaient levé leur verre aux quarante-huit femmes qui allaient participer aux épreuves – dont celles de la natation féminine, admise pour la première fois comme discipline olympique.

Les photos des nageuses avaient circulé à bord, parmi lesquelles Henri avait repéré quelques jolies concurrentes. Les ondines de 1912 crawlaient, brassaient ou papillonnaient moins vite qu'aujourd'hui, mais elles avaient gardé leur minceur de jeunes filles, taille étranglée, épaules fluides et bras menus. Henri se promettait d'en séduire une qui remplacerait Antoinette. Il la choisirait blonde si la France décrochait l'or, châtain s'il fallait se contenter du bronze. En cas de médaille d'argent, il aviserait.

On voit qu'il ne doutait de rien. Il est vrai que les Français possédaient de réels atouts. Ils ne buvaient pas, ne fumaient pas, chauffaient leurs muscles en pratiquant le footing, le sprint, la lutte, le médecine-ball, ils avaient suivi un entraînement intensif à la piscine Deligny où, à chaque séance, une foule de jeunes dames se pressaient sur les gradins pour acclamer les hommes-poissons.

Henri avait un autre motif de confiance : le bassin Deligny avait été construit à partir du navire ayant servi au transport des cendres de Napoléon ; or l'adversaire le plus dangereux étant la Grande-Bretagne, le fantôme de l'Empereur n'allait certainement pas laisser passer une aussi belle occasion de prendre sa revanche : à un siècle (moins trois ans) près, l'équipe de France de water-polo ne pouvait que venger Waterloo.

Les joueurs tenaient d'ailleurs une forme éblouissante : dans le salon du paquebot, Gustave, Paul-Louis, Georges, Gaston, Paul et les deux Jean (Thorailles et Rodier) s'étaient déployés en formation d'attaque, se passant le magnum de champagne comme à l'entraînement, sans en répandre une seule goutte sinon dans leurs gosiers assoiffés.

La seule inquiétude d'Henri concernait la balle. Les expériences faites à Deligny montraient que le nouveau modèle imposé par le règlement devenait de plus en plus lourd au fur et à mesure que son cuir, réputé pourtant imperméable, s'imbibait. Au point que lorsqu'il volait (bas) au-dessus du bassin, le ballon laissait filer derrière lui une chevelure d'eau qui le faisait ressembler à une petite comète. Les jeunes dames des gradins s'extasiaient. Les joueurs, beaucoup moins : au terme des quatorze minutes d'une partie, quand les épaules et les bras déjà trop sollicités étaient à la limite de la crampe, les tirs au but se faisaient forcément moins fréquents, et surtout moins puissants.

À Stockholm, ils furent si peu fréquents et si peu puissants que l'équipe de France de water-polo fut éliminée dès le premier tour.

Il ne restait plus au capitaine Decoin et à ses équipiers qu'à attendre la cérémonie de clôture en profitant de quelques jours de douce torpeur dans une débauche de soleil encore acide, de fleurs, d'illuminations, de fanfares, de longs voiliers vernis et de filles blondes, en se gavant impunément (seul avantage de n'avoir plus de match à disputer) de *pytt i panna* – un mélange de viande et de pommes de terre que coiffait une épaisse couche d'oignons et d'œufs au plat, Henri adorait, ça lui rappelait les plats généreux, opulents, que lui tambouillait la femme de Lazare.

Pierre de Coubertin ayant rêvé de faire de la Vᵉ Olympiade celle de la réconciliation *du muscle et de l'esprit, ces anciens divorcés*, on avait organisé un grand concours de littérature sportive en parallèle aux épreuves athlétiques.

Quand il n'était pas au bord du tapis pour encourager une petite gymnaste (nordique mais très brune) dont chaque écartèlement aux anneaux et chaque saut au cheval d'arçons semblaient à Henri un comble de l'érotisme, l'ancien-livreur-de-lait-apprenti-fourreur-capitaine-d'uneéquipe-humiliée courait assister aux joutes poétiques.

Bizarre de le trouver là, lui qui avait quitté l'école à huit ans et n'avait plus jamais ouvert un livre.

Mais il était amoureux de la gymnaste scandinave. Elle lui avait offert un de ses maillots, étoffe moite, parfum troublant, poivré, de sudation féminine. Et dire qu'il ne la reverrait pas avant la prochaine Olympiade. À Berlin, en 1916. C'est interminable, quatre ans, quand on n'en a que vingt-deux.

Alors il avait promis de lui écrire. Et n'ayant jamais rédigé de lettre, il avait eu cette idée de venir au concours de littérature sportive prendre des leçons de mots.

C'est là qu'il entendit pour la première fois sonner des imparfaits du subjonctif qui lui parurent presque aussi rétifs, et donc excitants à maîtriser, que les roadsters et les aéroplanes qu'il rêvait de piloter un jour.

Il acheta un carnet sur lequel il releva les expressions qu'il ne connaissait pas. Se constituant ainsi une sorte de dictionnaire avec l'intention de s'en servir pour rédiger sa première lettre d'amour.

Mais des termes comme acropole, hoplite, platonicien, atticisme, philhellène ou socratique n'avaient qu'un lointain rapport avec la passion que lui inspirait la gymnaste. Et Henri n'était pas très sûr que sa lettre traduirait exactement ce qu'il voulait dire. Il aurait peut-être aussi bien fait de s'en tenir au vocabulaire qu'il avait employé jusque-là pour communiquer avec la petite Suédoise – guère plus d'une cinquantaine de mots français dont presque tous se rapportaient au sexe. Mais issu d'une famille où l'on ne jetait rien, il se serait senti coupable de ne pas utiliser *tous* les termes qu'il avait si patiemment collectés.

On ignore la façon dont la lettre fut appréciée par sa destinataire. Mais sa rédaction procura à Henri un plaisir dont il n'avait jamais soupçonné l'existence.

L'écriture n'était donc pas seulement quelque chose de rigide qui s'étalait sur les murs de la ville en grands caractères blancs, peints ou émaillés, pour faire la réclame du Dubonnet, des automobiles Berliet, de l'Hôtel Moderne de la rue Quincampoix, des légumes de La Renommée des Épinards au 55 de la rue Rambuteau, des confections Pygmalion, du café Oudard qui vendait la tasse de chocolat au même prix que l'absinthe, ou du magasin de nouveautés Aux Phares de la Bastille – toute cette littérature des pignons de rues, des palissades, des parapets et des enseignes, qui faisait de Paris un catalogue à ciel ouvert.

Henri venait de découvrir qu'il existait en fait une autre écriture que marchande et boutiquière, et que les mots permettaient de fixer sur le papier quelque chose d'aussi impalpable et fugace que l'émotion – *ses* émotions.

Alors, continuant sur sa lancée, il écrivit à sa mère (à qui il détailla la recette du *pytt i panna*), à son frère Julien, à sa toute petite sœur Madeleine, à la famille du fourreur (Mme Lazare, elle aussi, eut droit à la recette du *pytt i panna*, ça donnait de la consistance à la lettre quand Henri ne savait plus quoi dire), au maître nageur, et même à Antoinette.

Il leur décrivit Stockholm et les Jeux Olympiques tels qu'il les voyait, et probablement tels qu'ils étaient en réalité, faisant du journalisme sans le savoir.

Puis il s'enhardit et, dans les lettres suivantes, car il y en eut d'autres, il leur raconta les choses comme il pensait qu'ils auraient envie de les entendre. Sauf qu'il se servait pour ça d'un porte-plume, c'était la même démarche que lorsqu'il s'efforçait de distraire Joseph Auguste qui s'ennuyait devant sa fenêtre.

Mais Stockholm était une matière première infiniment plus riche pour l'imaginaire qu'une rue décrépite et sa palissade. Les garçons bouchers n'y assassinaient pas les coiffeuses, mais il y avait Gamla Stan, la vieille ville peinte dont l'infinité des nuances obligeait parfois Henri à créer un mot nouveau (il inventa ainsi vert de glas, que lui avait inspiré verglas, pour décrire ce léger reflet glauque qui transparaissait sous la glace en hiver et qu'il avait remarqué sur des peintures suédoises lors de la visite du Musée National organisée pour les athlètes), il y avait tellement d'îles que personne n'était d'accord sur leur nombre, et des banquets de harengs, des festins de brioches à la cannelle, et surtout ces longues nuits de décembre qui illustraient les cartes postales, il en avait d'ailleurs acheté une dizaine à l'intention de Lazare, histoire de le faire saliver devant toutes ces femmes en fourrures, en peaux de renne retournées, leurs mains enfouies dans des manchons de renard polaire, qui arpentaient le pont de Stallbron ou les ruelles tortueuses de Stora Nygatan – votre Jéhovah n'a pas été très chic avec vous, mon cher monsieur Lazare, lui écrivait Henri, il aurait dû vous faire naître et vivre en Suède plutôt qu'à Fontenay-sous-Bois.

Les jours s'allongeaient, les lettres d'Henri aussi. À dix heures du soir, il y avait encore assez de lumière dans sa chambre pour qu'il puisse écrire sans recourir à la lampe.

Il dut peut-être à ce pays qui consommait plus de cent cinquante kilos de papier par habitant et par an d'être devenu écrivain.

Dès son retour à Paris, il se rendit à la barrière de Clignancourt. À même les trottoirs de l'avenue Michelet, les chiffonniers, les pêcheurs de lune comme on les appelait alors, étalaient les vieilleries récupérées dans des greniers, des caves, parfois des poubelles.

Henri fouilla parmi les assiettes ébréchées, les fauteuils crevés, les pendules sans aiguilles, les fouines empaillées, les douilles d'obus de la guerre de 70 tombés du côté de Bapaume et de Pont-Noyelles : il cherchait des livres bon marché auxquels ne manqueraient pas trop de pages, qui lui apprendraient ce qu'il ne savait pas. Et comme il ne savait à peu près rien, il avait l'embarras du choix. Devant tous ces bouquins qui sentaient le moisi, la tête lui tournait, c'était comme un vertige, il lui fallut toute la journée du samedi et celle du dimanche avant de se décider.

Il finit par jeter son dévolu sur ce qu'il trouva de plus volumineux et de moins cher : une encyclopédie « autodidactique » en quatre tomes, qui contenait des planches animées montrant l'écorché d'un navire à vapeur, l'intérieur d'une giroflée avec le détail de ses organes de reproduction, un planisphère céleste permettant de situer les étoiles les plus remarquables. L'ouvrage était conçu pour permettre à des personnes n'ayant reçu aucune formation d'acquérir les connaissances indispensables dans des domaines aussi divers que la grammaire française, la physiologie animale, la chimie, l'histoire, la géographie, la comptabilité ou la sténographie – il suffisait de savoir lire.

Henri acheta aussi une traduction de 1860 des *Œuvres complètes* de Schiller. Il n'avait pas la moindre idée de qui était Schiller, mais le chiffonnier, lui-même poète tombé dans le besoin, lui avait expliqué qu'il s'agissait d'un écrivain allemand qui considérait l'effort personnel de chaque homme pour se rapprocher du Beau et du Bien comme le plus sûr moyen de faire progresser l'humanité tout entière. À dire vrai, Henri se fichait pas mal que l'humanité progresse ou non. Mais comme c'était précisément un effort personnel qui l'avait conduit chez les pêcheurs de lune, il ne pouvait faire moins que d'acheter le Schiller en huit volumes.

Le prix dépassait largement le budget qu'il s'était accordé; mais il s'était assez gavé de *pytt i panna* à Stockholm pour se limiter à un seul repas par jour pendant un mois ou deux.

À l'ombre des fortifications, il s'éloigna parmi les guinguettes et les jardins de maraîchers, tenant dans ses bras, bien ficelée, son espèce de petite école portative.

5

En 1917, dans sa collection patriotique *Les livres qu'il faut lire pendant la guerre*, l'Édition Française Illustrée mit à son catalogue un ouvrage de près de trois cents pages intitulé *Jeph, le roman d'un As*. Il était précisé que le livre avait été écrit «aux armées», c'est-à-dire sous le feu. L'auteur, un jeune sous-lieutenant déjà décoré de la Croix de guerre et de la Légion d'honneur à titre militaire, publiait là son premier roman. Et sans doute aussi le dernier, car il avait échappé à assez de situations désespérées et survécu à assez de blessures pour qu'on soit en droit de penser qu'il avait épuisé son quota de chance.

Il avait signé son livre Henry Decoin. Avec cet *y* déjà étrenné sur les podiums des bassins de natation, qui évoquait pour lui les bras levés du champion, les deux doigts écartés pour le V de la victoire. Le *i*, il le gardait pour sa famille, ses compagnons, son cercle rapproché du bonheur – avec cet air de faire danser un ballon sur sa tête, c'était une lettre un peu farce, *i rouge, rire des lèvres belles dans la colère ou les ivresses pénitentes*[7].

En tête du livre figurait cette dédicace :

Au soldat Julien Decoin, du 6ᵉ régiment d'Infanterie Coloniale, mort au champ d'honneur, pour la France. À toi, mon petit frère, ces quelques modestes lignes. Puissent-elles parvenir jusqu'au parapet boche où tu es enseveli...

Julien était tombé en Argonne, au ravin de la Houyette, dans ce bois de la Gruerie si mortel que les soldats l'avaient baptisé bois de la Tuerie. C'était le 11 août 1915, il avait vingt ans.

Sa mort déchira Henri, il me le confia un soir que lui et moi étions sur le balcon à regarder un orage sur Paris, le tonnerre sourd et sans fin lui rappelait les nuits de bombardement. Mais je n'en sais pas plus sur mon oncle Julien. Je n'ai

7. Arthur Rimbaud, *Voyelles*.

que cette dédicace qui ouvre *Jeph* comme une blessure, et l'acte de décès retrouvé sur Internet : *Genre de la mort : tué à l'ennemi.* Non seulement papa ne se racontait pas, ou si peu, mais il ne gardait rien, ni lettres ni photos, aucune relique, il avait la mémoire pleine mais les tiroirs et les poches vides.

Un an avant la mort de Julien, le jour de la mobilisation générale avait été une belle journée, la plus belle peut-être de tout l'été 14.

Mon père se rappelait une odeur de paille chaude, de Pernod, et le tocsin qui sonnait, mais comme il sonnait en même temps à tous les clochers, cela faisait au fond comme un immense carillon, ça n'avait rien de vraiment lugubre.

Henri avait reçu un feuillet rouge lui enjoignant de rejoindre l'unité où il avait effectué son service militaire, le 9e régiment de cuirassiers.

Il était aussitôt parti pour la gare. N'ayant pas grand-chose à laisser derrière lui, et moins encore à emporter, il se sentait insouciant et léger. Comme des millions d'autres jeunes gens, il était résolu à faire ce qu'il fallait pour en finir au plus vite, avant Noël si possible, avec cette guerre provoquée par l'Allemagne – une nation de canailles, songeait Henri, mais qui, elle au moins, avait eu à cœur d'offrir à ses nageurs des piscines claires, propres et spacieuses.

75

Sur le balcon devant l'orage, il me dit encore qu'il n'avait pas vraiment eu peur d'être tué, mais qu'il avait craint que la petite gymnaste suédoise ne s'imagine qu'il pouvait l'être, qu'il *allait* l'être, et qu'elle se marie sans attendre le rendez-vous qu'ils s'étaient fixé à Berlin pour les Jeux de 1916.

Depuis son retour de Stockholm et sa visite aux pêcheurs de lune, Henri n'avait fait que s'instruire. Et écrire avec boulimie, fixant sur le papier tous les événements, grands ou petits, dont il était témoin.

Paris comptait plus de cinquante mille automobiles, près de quinze cents omnibus à impériale, deux cent mille bicyclettes, des fiacres et des charrettes. Il suffisait donc à Henri de se poster à un carrefour des Boulevards, négligemment adossé au fût d'un réverbère, pour être sûr d'assister dans l'heure à un carambolage spectaculaire ou à l'écrasement d'un piéton. Il ne lui restait plus qu'à courir s'asseoir dans une gargote de sa connaissance (menu du jour à seize sous) pour rédiger son « saisi sur le vif ». Il se relisait, satisfait. Encore un peu d'entraînement, et il irait proposer ses services aux journaux de la rue du Croissant.

Il s'essayait à tous les genres, courant les mariages, les communions, les banquets, les fêtes foraines, les cavalcades de la mi-carême, les lacs du bois de Boulogne où, l'hiver, les Parisiennes patinaient en manchon et toque de fourrure à l'exemple des dames suédoises, ce qui ravivait encore sa nostalgie de la gymnaste, allons! deux ans à peine le séparaient de la prochaine Olympiade, il la reverrait bientôt, en attendant il se mêlait aux cortèges conduisant au Père-Lachaise des défunts dont il ne savait rien et auxquels il inventait des existences extravagantes.

Mais si l'on comptabilise les tickets d'omnibus et de métro nécessaires à ses déplacements à travers la ville, l'usure de ses semelles, son encre qu'il aimait bleue, et son papier qu'il voulait blanc et fort, on verra qu'Henri dépensait davantage pour sa littérature que pour sa nourriture.

Il ne fut donc pas fâché de partir. Il allait voir des choses inouïes dont son inspiration sortirait renouvelée, ragaillardie. Et puis il se donnerait de l'exercice, il s'entraînerait à nager dans les rivières au bord desquelles son régiment bivouaquerait, il serait dans une forme éblouissante pour les Jeux de 1916 et pour l'amour.

Il échoua d'abord au dépôt, «une caserne qui était un lieu triste, noir et sale, un immense terrain entouré de quatre grands bâtiments mal blanchis à la chaux, vieux comme le monde, percés de fenêtres inégales, étroites, qu'égayaient en séchant des chemises, des flanelles et des caleçons matriculés [8] ».

Il y resta trois mois et attrapa la phobie des caleçons – plus tard, quand il eut de l'argent, il ne porta que des slips qu'il se faisait faire sur mesure.

Il fut enfin désigné pour le prochain renfort. Avec deux cents de ses camarades, il partit pour le front appuyer son régiment qui, d'après les journaux, était en train d'infliger à l'ennemi des pertes effroyables – une hécatombe telle que les Français avaient du mal à progresser, gênés par les monceaux de cadavres ennemis où ils s'empêtraient jusqu'aux genoux.

Drôle d'époque où seuls les titres annonçant d'excellentes nouvelles faisaient vendre. Il fallait que les trains arrivent en avance, que les membres amputés repoussent, que l'artillerie ne rate jamais sa cible, que les usines d'armement soient si productives qu'on devrait bientôt nommer une commission pour réfléchir à ce qu'on allait bien pouvoir faire de l'énorme surplus de munitions après la victoire.

Les pertes effroyables, ça n'était pas un mensonge. La presse omettant seulement de dire que Français et Allemands se les partageaient. Avec équité.

8. *Jeph, le roman d'un As.*

On traversa la ville sac au dos, le fusil sur l'épaule, au pas cadencé. Un train attendait. Puant la suie mouillée, la grosse huile chaude, la paille fermentée. C'était un convoi de wagons à bestiaux, toutes les voitures à voyageurs disponibles roulaient déjà vers le front.

La guerre, disait Henri, c'est toujours par la gare que ça commence. Il me racontait cet homme qu'il avait connu, un ancien représentant en mercerie qui, après la fermeture du Grand-Guignol et l'interdiction de l'absinthe, avait cherché une autre drogue. Il n'avait pas trouvé mieux que d'aller tous les jours à la gare, de s'asseoir sur un banc et de regarder sangloter les mères, les épouses, les fiancées. Il s'enivrait de toutes ces larmes, et quand il se relevait il chancelait comme un type soûl.

Trente heures dans le train gris.

Toutes les dix minutes, un des gars se levait pour pisser contre la paroi en planches. Le wagon s'était mis à exhaler une violente odeur d'ammoniac qui piquait les yeux et faisait tousser. Aux passages à niveau, des filles et des gosses s'agglutinaient contre les barrières pour acclamer les soldats.

Il commençait à pleuvoir.

Ils arrivèrent ainsi dans les Flandres. Arrêt en rase campagne, mais une campagne aussi fébrile que la ville, où se pressait une foule immense de gens, de camions, de chevaux. Quand le train cessa de ferrailler et de grincer, on entendit le bruit du canon. Une pulsation sourde et lointaine, ça n'était pas si terrible. On finirait sûrement par s'y habituer, comme à toutes ces choses qui donnent l'impression qu'elles ne s'arrêteront jamais.

Ils quittèrent la gare. Henri trouva que son fusil faisait bien maigre en comparaison de ce que devait être la panse du canon. Par ici, il n'y avait plus de journaux optimistes et rassurants. On s'est pris la vérité dans la gueule, dit mon père, comme ça, d'un seul coup.

Ce qui l'étonna le plus, ce fut le sol de la tranchée qui avait l'air d'être en caoutchouc. On lui expliqua que c'était à cause des cadavres qu'on avait enterrés dessous parce qu'on n'avait pas eu le temps de les mettre ailleurs. On marchait donc sur de grosses fesses d'hommes, sur des ventres gonflés de gaz de putréfaction. C'était un peu élastique, forcément.

Henri fut affecté au 4e Zouaves. Comme tous les « zouzous », il toucha la tenue dite moutarde, en drap kaki de fabrication anglaise, qui remplaçait la veste bleue et le pantalon rouge et bouffant.

Sa compagnie était sous les ordres d'un lieu-
tenant médaillé de Chine, du Tonkin, de
Madagascar, du Tchad et de l'Oubangui, que
tout le monde appelait Parfait-Parfait parce
qu'il saluait d'un vibrant «parfait, parfait!»
chaque volée d'obus d'où qu'elle vienne. «Parfait, parfait!» dit d'ailleurs une dernière fois
Parfait-Parfait en mourant. Henri n'eut que le
temps de lui fermer les yeux, de crier : «En
avant!» et de lancer la compagnie à l'assaut –
plus la guerre s'enlisait, plus il fallait faire vite.

C'était fin avril 1915, en Belgique. Le 27,
Henri eut l'épaule gauche fracassée par une
balle. Il resta dix jours sous la mitraille, à la tête
des hommes de Parfait-Parfait, jusqu'à ce qu'on
le relève enfin. Il fut cité à l'ordre du régiment.
Je connaissais la blessure (j'en avais vu et touché
la marque livide, imprimée en creux dans son
épaule, si douce sous la pulpe du doigt), mais
pas la citation. Ni les nombreuses autres qui suivirent.

Il en disait encore moins sur sa guerre que sur
son enfance.

Se confia-t-il à Hélène Rayé, maîtresse épou-
sable, qu'il épousa d'ailleurs, le 9 septembre
1915, moins d'un mois après la mort de Julien ?

On en sait peu sur elle, sinon qu'elle avait un
an de plus que lui, et qu'à défaut de l'aimer

d'amour il en fut très amoureux. Presque puéri-
lement amoureux.

Henri donna souvent le prénom d'Hélène aux
héroïnes de ses films. En tout cas, quand il
commençait à écrire le scénario. Par la suite,
quand le script devait circuler et passer sous les
yeux de tout un tas de gens, il changeait le prénom. Mais au tout début, quand le sujet n'appartenait encore qu'à lui seul et qu'il avait besoin d'y
croire à fond, la femme s'appelait Hélène – je le
sais, je lui chipais ses pages de brouillon pour
rédiger mes narrations au verso, j'avais l'impression que ses mots devinés à travers le papier
allaient soutenir les miens, je m'alignais sur eux
pour écrire droit, c'était comme si la main de mon
père guidait la mienne. La main de mon père et le
sourire d'Hélène.

Dès l'hiver 1915, les journaux publièrent
régulièrement des articles que le zouave Decoin
rédigeait avec un cul de crayon taillé à coups de
baïonnette, sous les volées de 380 et l'éclatement
des torpilles bourrées de mélinite.

Les secrets de *sa* guerre, c'est dans ses chroniques et ses livres qu'Henri les cachait, les
cryptait. Il les avait fait relier en très discret,
même pas son nom, même pas le titre sur la
tranche, et les avait glissés parmi les autres
ouvrages – les siens, je les ai longtemps pris

pour les montants boisés qui soutenaient les rayons de la bibliothèque.

Jeph est un livre de terrain, une autobiographie au pas de charge, masque à gaz sur le groin, à peine tramée par un rideau de fumée romanesque. Forcément, on compare à Dorgelès, Erich Maria Remarque, Genevoix, Barbusse. Et ça n'est pas toujours à l'avantage de mon Henri à moi, sauf à rappeler que papa était extrêmement neuf (à peine trois ans de pratique) en grammaire, syntaxe et vocabulaire. Alors, pour un débutant, ça n'était pas si mal. Extraits : « Plié en deux sur les lèvres d'un entonnoir produit par un obus de gros calibre, un cadavre qui depuis longtemps doit séjourner là. Sa bouche, aux lèvres violettes, bâille et laisse voir une mâchoire édentée de vieille femme. Son œil droit est ouvert, le gauche est fermé. À le voir ainsi, plié en deux, sur les reins, le ventre en avant, épanoui, on le croirait secoué d'un rire convulsif et que, de sa bouche ouverte, il appelle quelqu'un en clignant son œil gauche pour le mieux décider à venir. Le bruit de nos pas a fait jaillir de dessous le crâne trois énormes rats. Le derrière de la tête n'existe plus et semble avoir été rongé lentement par un énorme cancer. Alors, ça, c'était donc un homme[9] ? »

9. *Jeph, le roman d'un As.*

Le 28 juin 1916, dans la Meuse, il fut à nouveau blessé. Un pied transformé en bouillie sanglante. Cette fois encore, il voulut continuer. Mais là, impossible, il ne pouvait plus marcher.

Tandis qu'on l'évacuait, il pensa aux Jeux, à la VIᵉ Olympiade qui aurait dû se dérouler en ce moment même à Berlin, à la gymnaste suédoise qu'il ne reverrait sans doute jamais – avec une épaule fracassée et un pied haché menu, il n'était pas près d'être à nouveau sélectionné olympique.

À l'hôpital, son infirmière était l'icône d'un ange, une fille de vingt ans aux yeux bleus, les joues creusées de fossettes. Elle était blonde. Par principe, Henri préférait les brunes, mais il aimait Hélène qui était blonde, et Marie-Thérèse, dans ses souliers de toile blanche, avait des pieds adorables. Mon père a toujours eu une véritable dévotion pour les jolis pieds.

Quand Marie-Thérèse lui frottait doucement les dents avec un coin de serviette imprégné d'eau dentifrice, c'était un peu comme si elle l'embrassait avec une bouche fraîche et mentholée.

Dès qu'Henri put sautiller sur des béquilles, Marie-Thérèse le conduisit dans le parc de l'hôpital. Il y avait un banc sous un tilleul, ils s'y asseyaient et restaient là à deviser longuement.

À l'ombre du tilleul, les boucles dorées de Marie-Thérèse prenaient peut-être des reflets chartreuse. Ainsi s'expliquerait la légende familiale que mon père ne démentit jamais, que même il encouragea – mais sans préciser davantage, parce que ça regardait *sa* guerre et que *sa* guerre ne nous regardait pas –, selon laquelle il aurait aimé une femme aux cheveux verts.

Car il aimait Marie-Thérèse et le lui avoua.

Elle éclata en sanglots : elle était mariée, sinon, c'est sûr, elle l'aurait aimé elle aussi. Elle insista pour qu'ils restent amis. Il refusa : déjà qu'on ne trouvait plus de charbon ni de sucre, que les œufs étaient à neuf sous la pièce, le chou à vingt (le même prix qu'une lotion contre les poux), l'oignon à quarante-cinq, le vin épais et violet à un franc cinquante, le canard à huit francs, que les journaux manquaient de papier et qu'une loi interdisait de se faire servir plus de deux plats au restaurant – et il aurait fallu, par-dessus le marché, qu'Henri se contente d'un faux amour, de baisers-ersatz picorés sur la joue, de serrements de mains au lieu de serments tout court ?

Marie-Thérèse sanglota de plus belle, plusieurs jours de suite, sous le tilleul. Puis, inclinant son joli visage encadré de cheveux chartreuse, elle pleura sur l'épaule de mon père.

Puis le laissa baiser ses yeux mouillés. Et puis ses lèvres.

Sans cesser de se dire vous, ils devinrent amants. Ils faisaient l'amour l'après-midi dans un appartement velouté, riche et fané, qui appartenait à la mère de Marie-Thérèse.

Brusquement, l'infirmière disparut. À l'hôpital, personne ne savait ce qu'elle était devenue. Le bruit courut que son mari avait commis des malversations et qu'il avait fui la ville en l'emmenant avec lui. Mais ça n'était peut-être pas vrai.

Déclaré inapte au service de l'infanterie par un conseil de réforme, Henri fut renvoyé au dépôt. Il retrouva la caserne et les caleçons aux fenêtres.

Un jour, un obus explosa dans le trou entouré de branchages que les hommes avaient creusé à l'écart pour se soulager quand ça se bousculait trop aux chiottes réglementaires. Une formidable colonne de merde monta vers le ciel. Henri la suivit du regard. Et comme il levait les yeux, là-haut il vit un avion dont les ailes resplendissaient au soleil.

— Ma parole, dit Henri, on dirait Phlégon !
— C'est qui, ça ? demanda un camarade.

– Un des coursiers du Soleil. C'est dans la mythologie.

Mon père se trompait : Phlégon est un historien grec du IIᵉ siècle, célèbre pour avoir dressé une longue liste de centenaires intitulée *Ceux qui ont vécu longtemps.* Aucun aviateur n'avait la moindre chance de jamais figurer sur une liste semblable à celle de Phlégon : en août 1916, d'après les statistiques, l'espérance de vie d'un pilote n'excédait pas une dizaine de jours, quinze dans le meilleur des cas.

Le jour même, Henri se porta volontaire pour l'aviation.

Après avoir acheté des bottes à tige et s'être fait faire un uniforme sur mesure chez un tailleur réputé (un aviateur ne se fournissait *jamais* au magasin d'habillement des Armées), il fut envoyé comme élève pilote au Crotoy où, après cent quarante-cinq atterrissages et trente-quatre heures de vol, il obtint son brevet de pilote (le sien portait le numéro 8399) et, le 9 septembre 1917, il intégra l'école de perfectionnement du camp d'Avord.

Le taux de mortalité des pilotes faisait que le temps d'apprentissage était alors réduit à sa plus simple expression. De toute façon, il ne fallait pas longtemps pour se familiariser avec la simplicité des commandes et l'extrême dénuement

du tableau de bord : les élèves les plus calami-
teux pouvaient voler en solo moins de trois
semaines après leur arrivée, et ils n'avaient guère
plus de deux mois à attendre avant d'être
affectés à une escadrille de combat.

Dans le baquet ouvert à tous les vents du
Caudron 80 hp d'entraînement, Henri se sentit
tout de suite à son aise : la guerre aérienne serait
une sorte de version mortelle du water-polo.

Le duel durait en moyenne de six à huit
minutes (sept pour une mi-temps de water-
polo), la fraîcheur, la fluidité et la portance de
l'air valaient celles de l'eau, on pouvait y évoluer
avec autant d'élégance et d'intrépidité que dans
un bassin, et surtout le but du jeu était le même,
qui consistait à dribbler au milieu de la défense
adverse jusqu'à mettre un projectile au but,
c'est-à-dire dans l'avion ou le ballon d'observation ennemis.

Henri comprit vite qu'il y avait trois types
d'appareils : ceux qui se brisaient en l'air parce
qu'un hauban cassait, que leur moteur prenait
feu ou qu'ils étaient déchiquetés par la mitraille,
et ceux qui se brisaient à l'atterrissage en butant
contre une taupinière et finissaient en chandelle,
le nez planté dans l'herbe, la queue dressée, les
ailes repliées comme celles des oiseaux morts.

Les avions du troisième type, excessivement
sous-représentés par rapport aux deux pre-

mières catégories, étaient ceux qui consentaient à rester en l'air. Voler pouvait être alors la chose la plus merveilleuse du monde. Riton le Triton n'en revenait pas d'être devenu Riton l'Aiglon, par la double grâce d'une balle dans le pied et d'un obus dans des latrines.

À quinze cents mètres sous ses ailes, la guerre ne ressemblait plus à la guerre – du moins à celle qu'il avait connue dans les tranchées. Chaque arrivée d'obus faisait monter du sol de gracieuses méduses de fumée gris-bleu qui ondulaient doucement avant de s'effilocher et de s'étaler aimablement sur la plaine. « Les ruines les plus sinistres, écrivait mon père, ont l'air de dentelles, ou des morceaux de porcelaine d'une assiette que l'on aurait laissée choir et qui se serait brisée en mille miettes. À part le ronronnement joyeux du moteur et le bruissement de l'hélice, tout est calme. Il fait bleu. »

Henri n'aimait pas les nuages d'où pouvait surgir n'importe quoi, mais il redoutait plus encore le grand beau temps. Comme tous les pilotes, il s'efforçait d'appliquer la tactique mise au point par Guynemer – l'attaque avec le soleil dans le dos. Mais l'autonomie de son appareil n'excédant pas deux heures, il devait finir par virer pour retourner au terrain. Le soleil qui l'avait si bien protégé trahissait alors l'avion, l'illuminant de plein fouet, faisant danser d'aveuglants reflets sur le vernis dont était enduite la toile de ses ailes, attirant l'attention de la DCA allemande, canons braqués sur la luciole qui tentait de s'échapper.

Henri enchaînait alors toutes les figures qu'il connaissait, virage-boucle, immelmann, tonneau, plongeon, glissade : « L'air est soudain secoué par les éclatements stridents des obus contre avions. Des flocons de fumée noire frôlent mon Spad et s'en vont, dispersés par le vent. Je sens passer près de moi des éclats qui produisent un crissement de charbon rouge trempé dans de l'eau. »

Sur sa gauche, deux avions viennent de s'apercevoir. Ils manœuvrent aussitôt pour s'affronter : « Ils tournent, piquent, se redressent, glissent. Deux oiseaux qui se poursuivent en plein vol. Ils sont si près l'un de l'autre que j'ai l'impression de les voir se déchirer à coups de bec. Et déjà l'un d'eux se renverse, tombe sur la queue comme frappé au cœur, chavire, s'enflamme, s'écroule, s'écrase au sol. L'autre, vainqueur indifférent, s'en va plus loin continuer sa chasse. »

Une des missions des aviateurs consistait à débarrasser le ciel des *drachen*, ces ballons captifs qu'on appelait des « saucisses » à cause de leur forme allongée, et qui, dans les deux camps, servaient à observer les positions ennemies et à régler les tirs d'artillerie.

Même si le volume des *drachen* et leur incapacité à se déplacer (sinon pour regagner le sol) en faisaient des proies vulnérables, le combat n'était pas toujours à l'avantage de l'avion : capables de résister à des vents de cent kilomètres par heure qui disloquaient les aéroplanes, équipés de mitrailleuses pivotant dans toutes les directions alors que l'aviateur, lui, ne pouvait tirer que dans l'axe de son hélice, les *drachen* étaient en outre protégés par des chasseurs embusqués dans l'ourlet des nuages.

Comme son rival allemand Heinrich Gontermann, Henri s'était fait une spécialité de l'abattage des ballons. Il s'en approchait jusqu'à pouvoir discerner le visage de l'observateur rivé à ses jumelles et à son téléphone de campagne, puis il tirait sur le manche pour opérer une ressource au cours de laquelle il farcissait de balles la chair de la saucisse.

Lorsqu'il avait incendié un ballon, et si aucun appareil à croix noires ne venait le provoquer, Henri restait un moment à voleter autour de sa victime, jusqu'à être sûr que l'aérostier avait réussi à enfiler le parachute à ouverture automatique accroché à sa nacelle.

Il trouvait les *drachen* obèses et hideux, mais il aimait trop tout ce qui volait pour éprouver du plaisir à les détruire. Simplement, c'était un boulot qu'il faisait mieux que d'autres pilotes. Alors il courait le ciel plus de dix heures par jour, ne rentrant au terrain que pour faire son plein d'essence et repartir aussitôt, jusqu'à avoir décroché des nuages autant de chapelets de saucisses qu'il pouvait.

Il avait commencé à dresser le compte des *drachen* qu'il enflammait. Mais tous n'étant pas détruits par un coup au but, il s'empêtra dans ses calculs et renonça. Il ne recensa finalement que le nombre d'avions ennemis qu'il avait abattus. À la fin de la guerre, devenu le commandant de son escadrille, il était titulaire d'une dizaine de victoires homologuées.

Sur ça comme le reste, il garda le silence.

Préférant parler du jour où c'était lui qui s'était fait descendre, le Spad en torche, commandes cisaillées, ululant comme une sirène à cause de tous les trous dans son fuselage par où s'engouffrait le vent de la chute en vrille, ça n'était plus un avion mais des grandes orgues, impact dans 10 secondes, 9, 8, 7... et puis, miracle, le zinc s'était mis à planer, palpitant en feuille morte au-dessus des lignes allemandes, ça tirait de tous les côtés, heureusement il n'y avait pas loin d'une tranchée l'autre, Henri était si bas que son train d'atterrissage labourait des cadavres, leur odeur de putréfaction se mêlant à celle de l'huile de ricin, à l'âcreté du vernis qui brûlait, alors il tira sur le manche, c'était un réflexe, juste un réflexe pour fuir l'insoutenable puanteur, que personne n'aille s'imaginer que j'ai été plus malin que la mort, toujours est-il que l'insecte eut comme un sursaut, il s'éleva de quelques mètres, juste assez pour franchir la ligne de barbelés – après quoi il se vautra, mais côté français.

Henri compta soixante-seize éclats dans le Spad. Plus un dans son dos. Donc soixante-dix-sept bouts de ferraille en tout. Son chiffre porte-bonheur, à partir de ce jour. Il décréta que tout ce que les Decoin entreprendraient et qui aurait un rapport avec ce chiffre serait heureux. Et il perdit connaissance.

Le terrain à partir duquel opérait l'escadrille des Cigognes – célèbre pour avoir été commandée par Guynemer, abattu à Poelcapelle le 11 septembre 1917, deux mois avant l'arrivée d'Henri – était un bout de champ bosselé qu'on faisait tondre de temps en temps par des moutons. Paysage ingrat, spongieux, où cahotaient de lourds tombereaux chargés, selon les jours, de betteraves ou de morts. Mais dès qu'on s'envolait, ça redevenait charmant. On apercevait notamment ce manoir de brique rose que tout le monde appelait le château à cause des bassins de pierre entourés de buis taillés, de l'allée cavalière bordée de saules blancs, et surtout des femmes qui l'habitaient, des femmes seules mais pas encore veuves, ou alors l'ignorant, il fallait parfois longtemps avant d'apprendre officiellement qu'un mari, ou un père, ou un frère étaient morts, ils pouvaient n'être que prisonniers, ou disparus ; alors, même si on s'en doutait, on continuait à s'habiller de couleurs claires et à rire pour ne pas tenter le sort.

Le matin, à peine avaient-elles enfilé leurs mules que les châtelaines observaient le ciel. Quand le plafond était bouché, que le vent soufflait en rafales, elles devinaient que les aéroplanes resteraient au sol. Elles se pomponnaient pour recevoir les aviateurs, faisaient astiquer les seaux à champagne, envoyaient en ville chercher des pâtisseries.

Les pilotes arrivaient en automobile Hotchkiss ou Hispano-Suiza modèle Alphonse XIII, une écharpe blanche flottant à leur cou. Ils plaisaient, ils étaient tous officiers ou en passe de le devenir, les plus coquets des hommes, on était même *poudrederizés*, néologise Henri, vareuses ajustées à la taille, ceintures de cuir anglais, bottes de dix louis aux pieds.

Une aventure avec eux restait sans conséquence puisqu'il était certain qu'ils allaient mourir bientôt.

Dans l'orangerie, en attendant les aviateurs, les dames du château triaient par couleurs les boules du jeu de croquet. Nous ferons une partie avec ces messieurs sitôt que la pluie cessera, annonçait Odette, le perdant aura un gage, proposait Jeanne, le même gage que jeudi dernier, gloussait Marcelle, il devra nous embrasser toutes, et longtemps, se réjouissait Yolande.

Parfois, les pilotes repartaient avant l'heure du gage. Ils rentraient au terrain remplacer des camarades qui, sous un hangar, veillaient l'un des leurs abattu par un Fokker allemand, et dont le corps reposait sur un brancard hissé sur des fûts métalliques, avec des bougies aux quatre coins.

Sur le mur de planches détrempées par la pluie, on avait cloué un dessin d'enfant agrémenté d'une supplication : «Civils! laissez l'essence aux aviateurs...» C'était l'œuvre de Marthe Debray, quinze ans, élève de l'école de la rue Saint-Benoît, à Paris. Dessin et slogan avaient remporté l'un des premiers prix du concours organisé par un grand journal sur le thème des restrictions.

Le Flambeau dans la nuit, deuxième roman d'Henri (c'est-à-dire Henry) et son second livre consacré à la guerre, ne fut publié qu'en 1927.

Le temps que la colère retombe. Sa colère à lui. Née dix ans plus tôt, un jour de permission, alors qu'il arpentait les Boulevards.

En passant devant une chic brasserie où des demoiselles en demi-deuil remplaçaient les garçons de café partis au front, il avait vu un homme habillé d'une livrée de laquais, portant sur sa poitrine la Croix de guerre palmée plusieurs fois. Il lui manquait un bras, le gauche, dont on avait dû l'amputer. Il lui restait le droit, avec lequel il gagnait sa vie en ouvrant les portières des limousines. La société avait acheté cet homme qui avait donné son bras pour elle, qui aurait aussi bien pu lui sacrifier sa vie, on ne choisit pas quand on charge sous la mitraille, et la société en avait fait son laquais. Et cet homme, se penchant humblement, ôtait sa casquette de laquais «pour saluer des gens qui auraient dû se prosterner devant lui[10]».

Mon père s'était retenu d'entrer dans la brasserie pour tout foutre en l'air.

Au fond, ce qu'il n'admit jamais, c'est que la guerre n'ait pas tout changé. Qu'elle ait boule-

10. *Jeph, le roman d'un As.*

versé le paysage, pas les idées. Qu'elle n'ait abouti qu'à cette folle fête d'après-massacre où l'on couvrait les murs de Paris de réclames pour un rouge à lèvres couleur de sang qui avait l'impudence de s'appeler *L'Éternelle Blessure.*

Henri, qui votait socialiste, avait cru sincèrement qu'on allait profiter du conflit pour faire d'autres lois, des lois apprises dans et par la douleur, des lois sages dans l'intérêt de tous, des lois pour donner quelque chose à ceux qui n'avaient rien, des lois pour des Joseph Auguste, pour des Zoé Anaïs mijoteuses de haricot de mouton sans mouton, pour des gosses bouffeurs de sauterelles. Il vomissait la guerre, mais il se disait aussi que la paix béate, ça ne valait rien pour les réformes : on ne pouvait rien changer, les *pansus* (c'est comme ça qu'il appelait les nantis) auraient gueulé trop fort.

11 novembre 1918, vingt et une heures, l'état-major français communique à la presse que « toutes les conditions exigées pour la suspension des hostilités ayant été acceptées par l'ennemi, l'armistice est entré en vigueur, ce matin, à onze heures ».

Henri ne croit pas qu'une guerre si longue, si effroyable, une guerre telle que le monde n'en avait encore jamais connu, va finir comme ça, juste parce que les hommes sont saturés d'elle, n'en veulent plus. Trop vorace pour ça, la guerre, inassouvie malgré cinquante-deux mois de carnage – et avec elle, on l'a bien vu, c'est du toujours plus.

Il partage les prémonitions d'un collègue en littérature, compagnon de bamboche et de dérision rencontré dans les couloirs du journal *La Baïonnette*, illustré humoristique à quarante centimes le numéro, auquel tous deux ont collaboré : « Cette humanité qui passe, qui s'exaspère et s'évanouit au rythme du jazz, c'est une humanité de futures victimes », lui dit Mac Orlan.

Les lumières de la ville, sorte de buée rosâtre supposée témoigner du bonheur retrouvé, se voient désormais, par nuit claire, jusqu'à vingt kilomètres de Paris.

Dix de plus qu'avant la guerre.

6

À présent inutiles, déjà obsolètes, les aéroplanes s'effritent doucement sur l'herbe. Quand
tout se tait, et le silence est désormais de plus
en plus dense, on les entend glouglouter, pissant
leur huile de ricin, leurs peintures de guerre,
leur colle et leur rouille. Alourdies par les gelées
nocturnes, les mitrailleuses de cockpit piquent
du nez. Une nuit, l'une d'elles s'est déclenchée
toute seule. Alors les hommes ont giclé des
baraquements en hurlant «au Boche, au
Boche!», croyant au retour de la guerre. À propos de retour, saluons celui des taupes. Il y a
des gens qui aiment les taupes, les trouvent rigo-
lotes et douces. Henri est de ceux-là. Se réjouis-
sant de voir les petites bêtes ériger à nouveau
leurs monticules sous les ailes qui se desquam-
ment, dont les haubans cassent sec comme des
fémurs de vieilles personnes.

En attendant d'être démobilisé, ce qui va prendre du temps, Henri s'assied sur le seuil du hangar en planches. Face au champ d'aviation d'où ne s'envolent plus que des corbeaux, un cahier ouvert sur ses genoux, il écrit.

Jeph, le roman d'un As, avait eu du succès. Enfin, presque. Un frémissement, en tout cas, qui aurait pu inciter mon père à poursuivre dans la même veine. Mais tellement de survivants sortaient à présent des tranchées, et des hôpitaux tellement d'hommes déchiquetés, troués, mutilés, tous réclamant le droit à la parole, c'est-à-dire au cri, et au cri écrit, qu'il y eut tout à coup pléthore de livres dans les librairies. Jamais rien vu pulluler à ce point-là, s'ébahissait Henri, sinon les champignons dans les sous-bois d'Argonne après la pluie ; et les cadavres, ça va sans dire.

Papa a toujours montré de l'indulgence pour les raconteurs de guerre(s). Sa passion pour Hemingway, Bodard, Kessel, Ryan (Cornelius), Lartéguy, Peyré, Montsarrat ! Il leur accordait sans barguigner le droit à l'erreur, à l'excès, à l'égarement : maillage en tohu-bohu de tragédies personnelles, la guerre n'était pas faite pour l'historien qui s'efforçait d'être juste, mais pour l'artiste qui s'en foutait d'être injuste.

Sauf que là, les artistes étaient trop nombreux, en rangs trop serrés pour Henri qui avait connu dans les tranchées des bouffées d'agoraphobie – que traduira le final du *Flambeau dans la nuit* dont le héros meurt broyé par la foule lors d'un match de rugby. Il appréhendait la bousculade, l'écrasement du plus faible. Pourtant, avec son mètre quatre-vingts et sa musculature d'athlète, il ne risquait pas d'être piétiné. Il était même fichtrement impressionnant en maillot de bain sur les plongeoirs, ou en uniforme d'officier aviateur dans les salles de bal des châteaux en province.

Oui, mais en littérature, il se voyait petit. Fluet, même. Ça lui venait de loin, une humilité qui remontait au temps où on l'avait enlevé de l'école. Enfin, je suppose. Encore un sujet qu'il n'aimait pas aborder. Le jour où je lui ai dit que j'avais déniché au fond de la bibliothèque un livre de lui, *Quinze Rounds*, et que je l'avais lu sans pouvoir m'en détacher, il avait répondu en prenant son espèce de voix grave à la John Wayne :

– Ouaip, passe-moi le sel.

Quel sel ? Où ça, du sel ? On n'était pas à table, on roulait sous les marronniers du bois de Boulogne en 15 cv Citroën, il m'emmenait au studio comme tous les jeudis. J'avais compris : «Passe-moi le sel» était – serait désormais –

101

juste un code entre nous pour se dire poliment :
fais pas chier avec ça, parlons d'autre chose.

Il choisit donc de laisser la place aux autres et
de se mettre en jachère. Finis les sillons bien
policés qui, épi de mots après épi de mots, faisaient un grand champ romanesque. Lui, en tout
cas pour un temps, laisserait l'écriture foison-
ner, sauvagine, affranchie, verte et poivrée, foli-
chonne, dégourdie.

L'aviation lui avait donné le goût de la vitesse,
il avait envie de textes vifs et brefs, de phrases
courant vite et sans souci des ornières comme le
chasseur au décollage, de mots claquants, percu-
tants, tirés en rafales, aucune importance si la
syntaxe en prenait un coup – l'aviateur cire ses
bottes, pas son style.

Aimant à la folie la dérision, il rêvait de voir
un jour sa prose imprimée en regard d'une
réclame qui le faisait se désopiler : elle vantait
un certain «crêpe myosotis», crêpe de deuil qui,
en plus de sa discrète élégance, présentait l'avantage inestimable de résister à l'eau (en cas d'enterrement sous la pluie) et aux larmes (en cas de
chagrin véritable)[11].

Rien que pour ça, Henri voulait être journaliste.

11. On la trouve reproduite dans un petit livre extrêmement
réussi d'Armand Lanoux : *Paris 1925* (Éd. Grasset, 1975).

Il peaufina un échantillon de son savoir-écrire : une nouvelle, *La Traversée de la Manche*. Aucune idée de ce qu'elle racontait, je ne l'ai pas retrouvée. C'était sûrement quelque chose d'emballant, peut-être l'histoire du vol de Blériot, peut-être le récit d'une longue nage entre Calais et Douvres, Henri était aussi à l'aise en oiseau qu'en poisson.

Relayant la guerre, la grippe espagnole venait de faire des centaines de milliers de morts, fauchant de préférence les jeunes gens que les restrictions alimentaires avaient affaiblis. Il y avait des absences à combler, des lits à réchauffer, des citadelles à investir.

Le journal *L'Auto*, l'un des premiers auxquels mon père envoya son texte-spécimen, était une de ces places fortes.

Le patron, Henri Desgrange, lut la nouvelle. Et avant même d'être arrivé au mot fin (ce que papa pouvait en être fier, de cette anecdote !), il griffonna un mot priant l'auteur de *La Traversée de la Manche* de se présenter à lui toutes affaires cessantes.

C'est pour sauver *L'Auto* sur le point d'être laminée par son concurrent *Le Vélo* que Desgrange, saisissant au vol une idée folle de son adjoint Géo Lefèvre, avait organisé, en 1903, le premier Tour de France cycliste, avec soixante

103

coureurs au départ pour avaler deux mille cinq cents kilomètres en six étapes. L'engouement avait été immédiat et *L'Auto*, franchissant en danseuse le cap des cinq cent mille exemplaires, se retrouvait dans le peloton de tête des plus forts tirages de la presse.

Sans doute ce triomphe était-il dû aux coureurs déchaînés qui, sur des routes improbables, chevauchaient des machines d'une rusticité effarante tout en fraudant à qui mieux mieux et en s'infligeant vachardises et coups fourrés dignes des *Pieds Nickelés*. Mais encore fallait-il que leurs exploits parviennent jusqu'aux lecteurs sans rien perdre de leur jus, de leur sueur, de leurs larmes, de leur sang quelquefois. Il fallait donc au Tour de France, et au journalisme sportif en général, non seulement des champions mais des écrivains dont le talent pourrait « rendre perceptibles la folie, la grandeur et l'audace des aventuriers qui taillent la route autour de la France chaque mois de juillet[12] ». Ce serait bientôt le cas d'Albert Londres, de Tristan Bernard, d'Henri Troyat, d'Antoine Blondin, de Kléber Haedens, etc.

Ce fut celui d'Henri Decoin dès qu'il franchit le seuil du bureau de Desgrange.

12. Serge Laget, journaliste à *L'Équipe*, le journal qui a succédé à *L'Auto*.

Henri (le mien) s'était fait beau pour la rencontre, et Henri (l'autre) affichait cette élégance raffinée qui participait de sa légende.

Les deux hommes se dévisagèrent, pressentirent qu'ils se plairaient, se plurent en effet, s'assirent, avalèrent un ou deux cafés brûlants, échangèrent quelques propos amusés sur ces jeunes enamourés qu'une ronde de police avait surpris perchés sur les réverbères de la rue où habitait Cocteau, puis Desgrange voulut savoir ce que c'était que la guerre aérienne, ce qu'elle était vraiment, racontée par quelqu'un qui l'avait faite.

– C'est pas compliqué, répondit Henri, on grimpe dans le ciel, on marche à la bataille, on se met face à face, le combat s'engage, on encaisse les premiers coups en se marrant, c'est avec ça qu'il croit m'impressionner, ce moustique ?, on tourne, on attend l'autre, on laisse venir, on esquive, on riposte, on encaisse, ça tape, bagarre, et tout à coup une rafale mieux ajustée qui explose le réservoir de l'adversaire, son moteur éructe et crache, son avion souffle comme s'il vidait ses poumons, il se secoue pour se débarrasser de cette méchante cogne qui vient de le déséquilibrer, et je le vois descendre, ses jambes – ses ailes, je veux dire – se dérobent, il roule sur le ventre, sur le dos, il est foudroyé, il va au tapis...

105

– Langage de ring, remarqua Desgrange. Tu aimes donc la boxe ?

Henri dit oui, sans hésiter. Il avait assisté à quelques rencontres, il avait lui-même fait le coup de poing dans les faubourgs des villes sous couvre-feu, dans le Nord, pour défendre des femmes attardées, harcelées par des salopiauds, ses crochets manquaient de précision mais son uppercut était imparable, je me souviens du jour où il voulut montrer à l'acteur Henri Vidal sous quel angle on doit frapper la pointe du menton pour provoquer un K-O, sa démonstration fut si parfaite qu'il se mit knock-out lui-même, je le vis partir en arrière et tomber sur le dos, les bras en croix aux pieds d'un Vidal médusé.

– Que dirais-tu de devenir critique pugilistique ? proposa Desgrange. Huit cents francs par mois, je ne peux pas faire mieux.

Un café crème à Montparnasse, chez Libion, coûtait dix sous. Henri calcula mentalement, à toute vitesse, que l'offre du patron de *L'Auto* équivalait à huit mille petits crèmes par mois. Il se sentit riche.

Il loua une chambre d'hôtel cité de Trévise, dans le IXe arrondissement.

Il avait découvert la vie d'hôtel au cours de permissions trop brèves pour pouvoir retourner dans sa famille. Il abandonnait le train des permissionnaires à la première ville assez éloignée du front pour espérer bénéficier d'une nuit de silence. Pour lui qui venait de quitter des camarades capables de s'assoupir n'importe où, dans le vacarme, le froid, l'inondation, une chambre d'hôtel semblait le comble délicieux de la frivolité – était-ce cela que les rupins appelaient le luxe ? Mais c'était aussi commencer à marquer sa rupture, non seulement avec la guerre mais avec des années de jeunesse aigrelette – l'aigreur des renvois qui montent des estomacs vides.

Henri se faisait réveiller tôt afin de profiter de sa chambre, non pour les commodités qu'elle n'avait pas – il descendait dans des pensions plus que modestes –, mais pour le plaisir de contempler, allongé sur le dos, les premières lueurs du jour projetant sur le plafond le dessin des persiennes comme les lettres d'un générique.

Et puis, cité de Trévise, l'adresse lui plaisait, ça sonnait un peu comme Tréville, le capitaine des mousquetaires du roi. Or Henri se sentait d'appétit à conquérir Paris, moins par une ambition à la Rastignac que par un enthousiasme à la d'Artagnan. D'autant qu'il venait d'apprendre qu'Alexandre Dumas avait habité là tout près, au n° 3.

L'établissement qu'avait élu mon père était en réalité un hôtel de passe. Mais sa clientèle ayant été sévèrement rognée par la guerre et la grippe espagnole, ses propriétaires tentaient une diversification en réservant tout un étage à des hôtes plus sédentaires. En compensation de la réputation un peu équivoque de son enseigne, le charmant petit hôtel offrait l'avantage de prix modérés, le confort d'épais tapis dans les couloirs pour étouffer le va-et-vient des couples minutés, et la commodité d'obtenir des draps et des serviettes propres à pratiquement n'importe quelle heure du jour ou de la nuit.

Parmi les trois ou quatre pensionnaires « fixes », il y avait le futur scénariste – et surtout dialoguiste – Henri Jeanson, qui ferraillait alors au journal de la CGT *La Bataille* avant d'aller bientôt rejoindre le *Canard Enchaîné* dont le programme, « s'attaquer à la guerre, à la censure, aux politiciens, aux affairistes, aux curés, au pouvoir, à la guillotine... », correspondait tellement à ses idées qu'il n'en revenait pas de ne pas en être l'auteur. Un autre jeune reporter débutant, Jean Antoine, avait lui aussi sa chambrette cité de Trévise.

Decoin, Jeanson et Antoine formèrent rapidement un trio d'autant plus fraternel et soudé qu'ils avaient d'excellentes raisons de se bouffer le nez.

Jeanson exaspérait Decoin avec son pacifisme exacerbé d'où il ressortait que tout individu en uniforme et armé d'un fusil était, au choix, un barbare sanguinaire ou un con qui s'était fait avoir. Decoin lui demandait de répéter ça, oui, d'oser lui répéter ça en face, que son petit frère Julien avait été un barbare, le pauvre gosse, ou un con, alors qu'il était justement ce que Joseph Auguste et Zoé Anaïs avaient fait de plus sensible, de plus intelligent; et tandis que les deux Henri s'engueulaient (et d'après mon père, Jeanson n'avait déjà pas son pareil pour balancer des répliques à la fois si bien troussées et si vachardes qu'elles vous laissaient sans voix), Jean Antoine déambulait à travers l'hôtel en s'exerçant à déclamer avec lyrisme le tout dernier papier qu'il venait d'écrire sur une course de vélos – convaincu qu'il était, ce doux rêveur, cet utopiste, qu'un jour viendrait où les progrès de la TSF permettraient de rendre compte en direct, de l'intérieur même du peloton, des étapes du Tour de France [13].

Le seul sujet sur lequel s'entendaient absolument les trois lascars, c'était le cinéma.

Ils s'y rendaient en bande, en «triplette de Trévise» comme ils disaient, à la tombée de la nuit, après avoir acheté sur le Boulevard un

13. L'utopiste avait raison : en 1935, à bord d'un car-émetteur de sept tonnes, Jean Antoine réalisera la première retransmission – en très léger différé – du Tour de France.

jambon-beurre-cornichons long comme un séquoia, et donc à usage collectif, ça coûtait moins cher que les friandises de l'entracte et ça calait mieux.

La plupart du temps, même en période de morte-eau financière, ils payaient leur place : car, tout jeunes gens délurés qu'ils étaient, ils avaient peu de chances d'échapper aux lumignons inquisiteurs des ouvreuses – et dans une salle comme le Marivaux qui venait d'ouvrir sur les Grands Boulevards, on pouvait compter jusqu'à une douzaine de ces femmes chuchotantes, «par ici, attention à la marche, votre ticket, jeune homme, s'il vous plaît».

Mon père aimait le cinéma et *les* cinémas. Je n'avais pas dix ans lorsqu'il me fit faire la tournée de *toutes* les salles obscures de Paris, comme on impose aux jeunes séminaristes la tournée des églises de Rome. J'appris à les reconnaître aux différentes fragrances dont chaque cinoche était imprégné : ça sentait le pipi de chat au Studio Obligado, la brillantine au Marignan, le caoutchouc tiède au Napoléon, le chèvrefeuille au Normandie, le caramel au lait au Studio Universel (spécialisé dans les dessins animés), le patchouli au Moulin-Rouge – la liste de mes (re)connaissances cinéolfactives n'étant évidemment pas limitative...

«Ma voisine de droite, racontait Henri dans un article intitulé *Une soirée au cinéma*[14], suce un chocolat glacé. Instinctivement, elle souffle dessus. Puis elle creuse les joues, avance les lèvres et ferme les yeux. J'ai soif (*expression codée genre passe-moi le sel et qu'on pourrait traduire ici par : j'ai une envie irrésistible d'embrasser cette voisine de droite sur sa bouche chocolatée*). La lumière s'est éteinte. Il fait noir. L'écran s'illumine : Charlot paraît. Faut-il rire ? Faut-il pleurer ? Je suis seul. Je me sens seul dans la salle. Le spectacle du génie crée la solitude. On ne voit plus le visage de Charlot, mais ses épaules sont si hautes, si hautes qu'on a l'impression qu'il sanglote. Son air veut dire tristesse, misère, malchance, désillusion, dénuement, chagrin, douleur, et ses pieds, mélancoliques, expriment l'abattement, l'accablement, l'ennui, l'amertume. Le silence craque. On rit. Et dans le noir de la salle les yeux des spectateurs brillent. C'est fini. Charlot s'en va. Bonsoir. Dehors, il fait froid. Le fleuve coule et reflète les étoiles. La lune s'est assise sur une tour de Notre-Dame.»

Ils sélectionnaient les films qu'ils allaient voir comme on choisit tel restaurant plutôt qu'un

14. *In* la revue *Comœdia*.

autre : question d'appétit – et d'atmosphère, précisait Jeanson, sans se douter que ce mot ferait bientôt sa gloire[15].

S'il leur fallait du roboratif, ils se payaient la *Jérusalem délivrée* d'Enrico Guazzoni; s'ils avaient envie d'exotisme, ils optaient pour *La Sultane de l'amour* dans sa version coloriée au pochoir, ou se laissaient convaincre par les dithyrambes de Cocteau à propos d'une certaine *Carmen du Klondyke*; en guise de dessert, ils pouvaient savourer la délicieuse (la délictueuse, selon les pisse-froid) *Woman* de Maurice Tourneur, ou, dans un registre carrément tarte à la crème, engloutir une ou deux bobines de la série des *Serpentin* – dont, pour les amateurs de cornes de gazelle et autres baklavas, l'ineffable *Serpentin au harem*.

Après quoi, ils allaient digérer au Nouveau-Cirque.

Au 251 de la rue Saint-Honoré, cette salle avait été l'une des premières à s'équiper de l'électricité et à offrir une telle débauche de lumière qu'on avait l'impression d'évoluer au cœur d'un diamant resplendissant.

---

15. « *Atmosphère, atmosphère, est-ce que j'ai une gueule d'atmosphère ?* », immortelle réplique d'Arletty dans le film de Marcel Carné *Hôtel du Nord* dont Jeanson signa les dialogues.

Mais surtout, le Nouveau-Cirque possédait une piste qui, une fois débarrassée du tapis-brosse lui tenant lieu de sciure, s'enfonçait, se remplissait d'eau et devenait bassin où, quelquefois, s'épanouissaient les feuilles de grands nénuphars sur lesquelles dansaient des ondines en tutu. Jean Cocteau (qui décidément donnait son avis sur tout) n'avait pas la passion des ondines, mais il se disait pantois d'avoir vu, un jour, toute une chasse à courre (de théâtre, bien sûr, mais tout de même!) plonger dans la piscine du Nouveau-Cirque à la poursuite d'un dix-cors.

Avant la guerre, on s'y bousculait pour entendre l'inénarrable Chocolat, partenaire du clown blanc Footit et premier auguste de l'histoire du cirque, chanter le refrain à la mode : *tararaboumdihé, la grammair' ça m'fait suer.*

À présent, le pauvre Chocolat était mort, et Footit, désemparé, était à quelques mois de disparaître à son tour. Les menues ondines avaient déserté les nénuphars, la chasse à courre s'était perdue dans les forêts d'Argonne.

Sur le tapis-brosse qui recouvrait à nouveau la piste, on avait dressé un ring.

Que ce soit au Nouveau-Cirque, au Vél' d'hiv' ou salle Wagram, à Liverpool ou au

Wonderland de Londres, le «critique pugilistique» Henri Decoin était de tous les combats.

Il avait ses grandes et petites entrées dans les vestiaires, sa place attitrée au bord du ring. Les soirs de match, il y avait toujours l'un des champions et son manager pour l'inviter dans un restaurant à nappes blanches et serveurs en queue-de-pie, et partager le «repas de combat» – steak haché de cheval, demi-bouteille de bourgogne, deux jaunes d'œuf battus dans du sherry.

Henri avait calculé : un bon boxeur gagnait près de trois mille francs par minute passée sur le ring; quant au manager, rien qu'en pariant à bon escient, et personne d'autre n'était mieux placé pour renifler l'issue d'une rencontre, il pouvait se faire un demi-million de francs par soirée. C'était la première fois de sa vie que mon père fréquentait des gens capables de ramasser autant d'argent en si peu de temps – quelle misère touchait Zoé Anaïs pour faire une heure de ménage, déjà? Mais ça ne lui faisait ni chaud ni froid, et de tout ça, au fond, il ne retint qu'une chose : l'appréhension, l'angoisse, la terreur même, étaient solubles dans deux jaunes d'œuf battus dans du sherry.

Plus tard, il en fit un remède sorcier contre le chagrin, le découragement, l'amertume, il le dosait et le battait lui-même avec une telle énergie qu'il en foutait partout, plein le tapis chinois jaune et bleu, les murs gris pâle, les rideaux de mousseline, il nous l'offrait dans de jolis verres, ceux réservés aux invités de marque, tulipes de cristal pourpre au bout de longues tiges vert et or, il était le seul homme au monde à savoir mêler deux jaunes d'œuf à dix centilitres de sherry et à anéantir toute peur avec ça, j'ai essayé d'en faire autant, des œufs de la même ferme, du sherry de la même marque, et j'ai obtenu en effet deux jaunes d'œuf battus dans du sherry, couleur appétissante, goût délicieux, sauf que ça n'a jamais fait de moi un autre homme, alors que la même mixture préparée par papa faisait de moi, immanquablement, un autre enfant – un enfant heureux parce que invincible, et invincible parce que heureux.

Du temps qu'il était journaliste à *L'Auto*, Henri faisait tous les matins la tournée des salles d'entraînement. Parfaitement à l'aise dans le foutoir des grands gymnases moites, les odeurs d'embrocation, de cuir à la sueur, de lait malté, de lubrifiant, d'urine aussi – ça sentait comme à l'escadrille, les soigneurs, deux par boxeur comme il y avait là-bas deux mécanos par avion, avaient, pour passer entre les cordes du ring, la même façon d'effacer les épaules que les mécaniciens se glissant entre les haubans des biplans.

Derrière les soupiraux en demi-lune où la crasse figurait les rayures d'un vieux film (sauf qu'à cette époque on ne parlait pas de vieux film, le plus vieux des plus vieux n'avait pas vingt-cinq ans), on voyait défiler le noir et blanc sautillant des rues de Paris, bottines noires à lacets flic-flaquant dans la mare de lait chue d'un bidon renversé.

Henri, lui aussi, venait là pour s'échauffer : il alignait sur son carnet de reporter tous les mots susceptibles de traduire et de nuancer le son mat, enfoui, des poings cognant les sacs de frappe, le tchoug-tchoug-tchoug frénétique des poires de vitesse, l'alternance sifflement/frottement des cordes à sauter, le bruit de succion des lèvres autour des protège-dents. *Lexique des synonymes et onomatopées applicables au vocabulaire pugilistique*, par Henry Decoin (inédit, 1920).

Il écrivait précipitamment, sans se relire, lettres à peine formées, aplaties comme la fumée d'une locomotive sous l'effet de la vitesse. Il reprendrait tout ça plus tard, mais sans rien biffer. Il aimait trop les mots pour les rayer : il ne les éliminait pas, il se contentait de les écarter, les dissimulant sous d'étroites languettes de papier encollées aux deux extrémités, de façon à pouvoir, en cas de remords, soulever cette espèce de pansement et rappeler à la vie le verbe ou l'adjectif qui n'étaient là-dessous qu'endormis.

Il garda cette habitude pour écrire ses scénarios. On ne manqua jamais d'Adhésine à la maison, une fameuse colle blanche au goût d'amandes, un régal qui se mariait excellemment avec le sherry au jaune d'œuf.

Théo Vienne, organisateur de combats au Nouveau-Cirque et au Wonderland de Londres, aimait la façon dont Henri parlait et écrivait sur la boxe. D'autant que mon père ne rechignait jamais à poser le stylo pour se mettre torse nu, enfiler des pattes d'ours[16], escalader le ring et servir de sparring-partner aux pugilistes à l'entraînement.

Ce Decoin a de l'allonge, pensait Théo Vienne, un jeu de jambes tout à la fois solide et frétillant, il encaisse correctement, il a assez de souffle pour tenir cinq ou six rounds, et avec de l'entraînement il serait probablement capable d'aller jusqu'à quinze.

En somme, il aurait pu faire un boxeur très convenable. Dommage qu'il ait trente ans, c'était évidemment beaucoup trop âgé pour débuter sérieusement sur le ring.

16. Gants plats, plus ou moins en forme de palettes, utilisés pour l'entraînement.

– Mais tu pourrais organiser des combats, lui dit un jour Théo. Tout le temps fourré au cinéma, tu dois savoir ce qui plaît au public.

Henri n'était pas très sûr que les spectateurs qui avaient sangloté aux malheurs de Lillian Gish dans *Le Pauvre Amour* – il avait parié que ce serait un des triomphes de l'année, ramassé grâce à ça un assez joli paquet de fric, il avait le sens du public, des « populaires » comme il préférait dire, ces populaires dont il venait, dont il serait toujours solidaire – éprouveraient le même enthousiasme à voir deux hommes se fracasser le visage à coups de poing.

– J'ai besoin d'un second moi-même, reprit Théo. Je ne peux pas être en même temps à Paris, Liverpool, Berlin, Amsterdam. Alors, si tu aimes les voyages...

Papa aimait les voyages, respectait la boxe et admirait Théo Vienne. Le problème, c'était qu'un organisateur de combats, un *matchmaker*, devait financer la location et l'équipement de la salle, la publicité, et surtout le cachet des champions et de leurs teams. Mon père n'avait évidemment pas de quoi – rien que les jaunes d'œuf battus dans le sherry, indissociables du repas d'avant-match, c'était au-dessus de ses moyens.

Certes, en plus de *L'Auto*, il collaborait à d'autres journaux, mais, si sa prose était abondante, le montant de ses piges restait modeste ;

118

et le pactole inattendu qu'il devait au succès de la petite Lillian Gish avait depuis belle lurette été transformé en bœuf à la ficelle et gevrey-chambertin (son régal, à Henri).

Théo Vienne le rassura : il prenait en charge toutes les questions matérielles, le job d'Henri serait seulement d'imaginer des combats sortant de l'ordinaire, et de convaincre les boxeurs rêvés d'y participer.

– En somme, conclut-il, c'est comme si tu écrivais un scénario dont je serais le producteur.

Grâce à ses articles pugilistiques, Henri s'était fait un nom, et déjà des amis, dans le milieu de la boxe. Mais ce n'était pas assez pour convaincre des champions, et surtout leurs managers, qu'il possédait assez d'entregent, de savoir-faire, et de pugnacité surtout, pour rassembler des milliers de personnes autour d'un ring. D'autant que sans être tout à fait un *matchmaker* clandestin, il n'était reconnu par aucune fédération ni association sportives.

– Et alors ? grommela Théo Vienne. Je t'ai adoubé, je suis derrière toi, tu es comme mon fils. Trouve les mots pour convaincre – les mots, c'est ta partie, non ? – et c'est dans la poche, *nos* poches, la tienne et la mienne.

Plutôt que des discours, Henri sentit le besoin d'une image qui parlerait pour lui, une icône assez forte pour que les boxeurs, malgré leurs yeux à demi scellés, tellement écrabouillés par les coups, en perçoivent les contours lumineux – mieux : évidents.

Une image, oui, mais quelle image ?

Il monta le Boulevard, le descendit, le remonta, le redescendit, un coup il pleuvait, un coup il faisait soleil, et puis le soir tomba, les réverbères s'allumèrent, les cochers de fiacre s'en allèrent remiser, et Henri cherchait toujours son image.

Le nez en l'air et plissant les yeux, ce qui lui donnait cet air poliment ahuri d'empereur P'ou-yi (disait-il, car je trouve, moi, que cette mise en amande de son regard, qu'il pratiquait souvent, faisait ressembler papa davantage à un Nippon qu'à un Chinois, discussions interminables sur le sujet autour de la table familiale, mais peu importe, de toute façon il était fondant quand il jouait l'Asiatique, Lucien Bodard lui-même me l'a confirmé), il regardait s'allumer les façades des cinémas et les affiches des films.

Personne n'était soi-même, là-dessus : Max Schreck s'était fait la tête épouvantable de Nosferatu, Aimé Simon-Girard paradait en flibustier très beau, Max Linder en « étroit » mousquetaire, Rudolph Valentino était en habit de lumière, Pierre Magnier en Cyrano...

Pourquoi pas moi? se dit papa, à qui vint alors l'idée de sortir de la naphtaline son uniforme d'officier aviateur.

Il n'avait pas pu se résoudre à le restituer à l'armée. Comme il l'avait plaidé lors de sa démobilisation, il avait payé l'essentiel de cette tenue de ses propres deniers, une tenue supposée disparaître en même temps que lui environ dix jours après son arrivée à l'escadrille. Qu'Henri et son bel uniforme aient survécu à la guerre était une aberration statistique dont l'armée de l'air n'avait pas à tenir compte. En atterrissant dans la vie civile, en s'endormant pour toujours au fond d'une armoire en noyer qui lui tiendrait lieu de cercueil, l'uniforme d'Henri allait accomplir le destin qui aurait dû être le sien. Personne n'avait rien à y redire. Et puis, contrairement à certaines tenues de fantassin qui passaient d'homme à homme, c'est-à-dire de mort à mort, celle d'un officier pilote ne finissait jamais sur d'autres épaules.

Le coup de l'uniforme fit un triomphe.

Des boxeurs comme Paul Fritsch (champion olympique aux Jeux d'Anvers), Jean Gachet (médaillé d'argent aux mêmes Jeux), Young Travet, André Routis, ou le premier Français champion du monde, Georges Carpentier, s'emballèrent pour ce guerrier ailé, charmeur, rieur, qui jurait de les emmener faire un tour en avion de l'autre côté des nuages s'ils acceptaient de boxer pour lui.

Henri avoua qu'il avait lui-même disputé quelques combats. Avant guerre, bien sûr. Découvrant la sensation d'un poing chaussé d'un gant de quatre onces qui vous arrivait pile à l'extrémité du menton et vous étendait K-O comme dans un lit profond aux draps noirs et glacés.

Extraits de son livre *Quinze Rounds*[17], parce que c'était aussi cette boxe-là, enfiévrée, violente, et même cruelle, qu'il avait vécue, il n'a jamais parlé sans savoir – les points de suspension sont d'origine : « Énorme est ma tête qu'illumine mon cerveau... Petits sont maintenant mes poumons, racornis, desséchés, aplatis, fripés, ridés... Plus d'air dans mes poumons... Pneus à plat... Je roule sur la jante... Cahots... Sans la salle, je serais très bien. Mais la salle m'étouffe... Si encore elle était éclairée ! Mais non, elle est dans le noir, exprès, pour que brillent avec plus d'intensité ses milliers d'yeux... Il y a un domestique qui est venu à la place de son maître, lequel lui a donné son billet de faveur. Il s'est assis au deuxième rang de ring, et, à chaque coup qui retentit, c'est plus fort que lui, il murmure : Madame est servie... Des betteraves poussent sur les quatre poteaux du ring. Des

17. Grand prix de littérature sportive 1930.

éclats de rire déchiquettent la salle... Des crabes tricolores disputent une course de longue haleine autour du ring, sur la corde du milieu. Trois se sont accrochés à mes reins... Ils fouillent dans mes reins... Une musique, quelque chose de musical qui heurte mes tympans... profondes variations... beau tam-tam... rumeurs... hurlements... trompes d'auto... klaxon... il manque l'autobus-monstre-à-six-roues pour écraser tout cela... »

Victoire après victoire, il avait tout de même décroché le titre de champion de Paris. Et décidé d'en rester là, il en savait assez, il s'était dépêché de descendre du ring avant de ressembler à ce boxeur au nez de pékinois que le dessinateur Abel Petit avait représenté sur la couverture d'un livre consacré au Noble Art — un opuscule poids mouche de trente-deux pages seulement, mais dont Henri avait été l'éditeur.

Or donc, il rentrait aux petites heures, les nuits étaient blanches, et lui si bleu des coups reçus que les prostituées osaient à peine le frôler, de toute façon s'il montait avec Jenny, Paula ou Mado, c'était moins pour l'amour que pour l'échange entre deux personnes d'égale fatigue, en redescendant il achetait les premiers journaux du matin, on annonçait à la Une que la moyenne de la vie humaine venait de doubler.

Henri soutenait les idées d'Aristide Briand, de Gustav Stresemann, il militait pour le rapprochement franco-allemand, la mise hors la loi définitive de la guerre, son remplacement par le sport : « C'est le sport, disait-il, qui tuera la guerre, vieille sorcière toute ridée qui sent mauvais de la bouche. Les luttes sportives comme celles qui se déroulent aux Jeux Olympiques sont les guerres de l'avenir, luttes pacifiques où l'homme lutte contre l'anéantissement des races, contre les maladies, contre la mort. Le jour où les peuples seront inoculés du sérum *sport*, les effroyables tueries seront terminées, la mère des guerres aura rendu son dernier soupir. Spectacles sportifs : repos, gaieté, sérénité. Développement des formes. Brutalité, violence, douleur, souffrance, mais toujours beauté nette, impeccable. Beauté mobile, qui naît, meurt, ressuscite, meurt encore, ressuscite et toujours, toujours... »

7

La ville embaumait encore le crottin de cheval. Ça et la senteur sucrée du chèvrefeuille, et des pralines brûlantes que le confiseur à la sauvette touillait dans sa calebasse, papa en raffolait. Le chèvrefeuille et les pralines, passe encore, mais, ronchonnait Jeanson, ça faisait péquenot d'aimer le fumet du crottin, la mode était aux odeurs d'essence.

Or Henri voulait accompagner son époque, et si possible la dépasser.

Alors, en plus des combats de boxe, il se mit à fréquenter les circuits automobiles, souvent de simples routes sinuant à travers champs, où de drôles de créatures mécaniques aux pattes écartées, avec ce petit air buté et anguleux des sauterelles, se poursuivaient à la vitesse folle de cent cinquante kilomètres par heure. Celles qui cassaient avant la fin de la course attendaient l'entre chien et loup pour rentrer en grande humiliation, attelées au cul d'un vieux cheval de labour, bardées de lampions comme un taureau de banderilles.

Après les avoir vues courir le Circuit de la Corse, la Targa Florio, la côte de Gaillon et le Grand Prix de l'ACF, Henri s'était amouraché de ces voitures aux formes allongées (aérodynamiques serait beaucoup dire), qui pétaradaient et fumaient de partout, et lui rappelaient les avions dont la nostalgie commençait à le tarauder.

Son accréditation de journaliste à *L'Auto* lui permettait de fureter partout, de passer les nuits de veille de course dans les garages en compagnie des mécaniciens, de soulever les capots et même de prendre le volant pour quelques tours de chauffe.

Mais le sésame le plus important était celui qui donnait accès aux petits secrets du métier, aux détails qui départageaient le champion du ringard.

En boxe, environ vingt secondes avant la fin d'un round, il fallait manœuvrer pour se rapprocher de son coin de façon à n'avoir plus, au coup de gong, qu'à plier les genoux pour se retrouver assis sur son tabouret, alors que l'adversaire, lui, se trouvait obligé de traverser tout le ring pour gagner son coin. Ça n'avait l'air de rien, mais quand on avait une dizaine de reprises dans les jambes, le souffle rauque et la chair brûlante des coups reçus, ça n'avait pas de prix d'être le premier à s'asseoir.

Et au volant d'une voiture de course, Henri le savait à présent, il ne fallait jamais porter de bretelles : elles tiraient sur le pantalon et le faisaient remonter au point qu'il vous sciait les cuisses. À la longue, l'irritation, exacerbée par la moiteur du baquet, tournait au supplice. Et ça finissait par une perte de contrôle et une sortie de route, ou par un arrêt au stand pour se débarrasser de ces conneries de bretelles, avec à la clé trois ou quatre minutes de perdues.

Henri pressentait que ce qui valait au bord des circuits et des rings devait se répéter pour n'importe quelle activité humaine : de quelque façon qu'il vive, il aurait toujours à acquérir ce savoir en marge, cette connaissance d'initié qui ferait toute la différence.

En attendant, il engagea deux dépenses somptuaires, l'une consistant à déposer toutes les semaines son uniforme d'aviateur chez un teinturier pour grandes maisons, l'autre à se faire graver son premier jeu de cartes de visite – ou plutôt ses deux premiers jeux, car une série de bristols était au nom d'Henri, l'autre à celui d'Henry.

Comme s'il ne savait toujours pas (ne *voulait pas* savoir, disons) écrire son nom.

Ne se décidant pas à abandonner le *i* de son enfance, le *i* des grillades de criquets et du tocsin des bidons de lait dans les grands escaliers vides, au profit de l'*y* plus snob avec son air de nœud de cravate figé, et sa traîne de mots pour riches, yacht, yearling ou Yukon Gold Mines.

Il compensait ce léger flou de son prénom en montrant de lui-même une image nette, d'une élégance assez léchée, qu'il fit reproduire sous forme de photo «officielle» au Studio Rahma, le Harcourt de l'époque.

Pas mal, le cliché. Le regard P'ou-yi, forcément, le cheveu brillantiné et peigné impeccable avec raie sur le côté droit, chemise blanche amidonnée de frais, cravate club, costume trois pièces, gris clair.

La photo était passée dans *Ève*, supplément féminin d'une vingtaine de quotidiens régionaux, à l'occasion de la publication de *Dudule, Nénesse et Laripette*, roman sportif par Henry Decoin.

Mon père avait aussitôt reçu des lettres d'admiratrices. Qui se fichaient comme d'une guigne des exploits de Nénesse le boxeur et de Laripette le coureur automobile, mais qui avouaient avoir été frappées par le physique de l'auteur et son étrange ressemblance avec un frère, un cousin, un fiancé disparus à la guerre.

«Voulez-vous que nous nous rencontrions? répondait alors mon père de son écriture bleue et allongée. Cela vous permettrait d'étudier de plus près cette ressemblance qui tant vous trouble. Que diriez-vous de nous retrouver à l'Hôtel des Voyageurs?»

«Cher monsieur Decoin, cher grand écrivain, ne seriez-vous pas un peu sorcier? Comment saviez-vous donc qu'il existait un Hôtel des Voyageurs dans notre modeste petite cité? Toujours est-il que j'y serai mardi à seize heures, reconnaissable à mon chapeau vieux rose avec trois ellébores sur le dessus...»

Plus tard, n'importe le bourg où nous faisions étape sur la route des vacances ou d'un tournage en extérieur, papa ne manquait jamais de demander si, par extraordinaire, il n'y aurait pas un Hôtel des Voyageurs à proximité.

On lui répondait presque invariablement oui.

Alors papa arrêtait la voiture devant le fameux Hôtel des Voyageurs, il restait quelques instants à en contempler la façade, j'ai parfois eu l'impression que son regard zoomait sur une fenêtre en particulier, mais je ne suis pas sûr, c'était peut-être une illusion, en tout cas il avait l'air heureux, l'œil qui frisait, il murmurait quelque chose comme : « Chambre 46, je me rappelle que le couloir sentait un peu le moisi... », et nous repartions vers notre hôtel à nous, un hôtel étoilé qui ne sentait pas le moisi comme celui des Voyageurs, mais qui n'était pas forcément mieux pour autant.

Longtemps qu'on n'avait pas connu d'aussi magnifiques funérailles dans le quartier.

La draperie funèbre semée de larmes d'argent montait jusqu'aux balcons du premier étage, masquant l'enseigne du journal *L'Intransigeant*. Un corbillard de première classe, attelé à deux chevaux emplumés, attendait au coin de la rue Réaumur.

Le mort, sûrement, n'était pas n'importe qui. Il est vrai que depuis la fin de la guerre, depuis qu'on avait à nouveau le temps de les compter, les morts n'étaient presque plus jamais n'importe qui.

Henri avait d'abord cru au décès accidentel d'un confrère.

Les reporters qui couraient le monde pour essayer de nouveaux modèles d'autochenilles ou d'avions, pour infiltrer les coups d'État et les trafics en tout genre, ne rentraient pas toujours vivants. Comme tous les journaux, *L'Intran* avait eu ses morts, ses tombés au champ d'honneur, mais ils restaient des icônes, on ne dressait pas une chapelle ardente dans le hall du journal pour y exposer leurs dépouilles.

Bon, mais peut-être (là, c'est papa qui pense, mon père était quelqu'un qui supputait énormément) que le pauvre type était pour une fois mort sur place, arrêt du cœur dans la salle de rédaction, tombé de la passerelle des rotatives, écrasé par la chute d'un énorme rouleau de papier ou ravagé par l'ingestion d'un produit toxique au labo photo – un quotidien ne fait pas que rendre compte de la multitude des périls, il en distille.

Pourtant, ce grand deuil qui semblait avoir frappé le journal n'en altérait pas le fonctionnement. *The show must go on*, bien sûr, n'empêche qu'Henri s'étonnait tout de même de l'indifférence avec laquelle l'équipage de *L'Intran* allait et venait sous le dais funèbre, vaquant à ses occupations comme si de rien n'était.

Rotativistes, clicheurs, fondeurs-typos avalaient un dernier café arrosé avant de gagner leurs postes de combat au sous-sol, les sténos babillaient sans voir le peintre en lettres qui, sur un pignon d'immeuble, reproduisait l'image honnie du *Parlograph*, cette machine à dicter qui, elle, ne faisait jamais répéter un mot, n'était jamais fatiguée; et tandis qu'une noria de

131

grouillots apportait la copie des pigistes extérieurs, le concierge du journal, grand invalide de guerre, faisait passer son mégot de cigarette d'un coin à l'autre de sa bouche batracienne.

Comme Henri s'approchait en grignotant deux ou trois radis roses (grand amateur de racines potagères, mon père) fraîchement chipés à l'étal d'un marché, le concierge ôta son bonnet pour saluer. C'était la première fois qu'il manifestait une telle déférence envers papa qui, à ses yeux, n'était pas un vrai journaliste : à l'inverse des reporters qui faisaient l'honneur et la réputation du journal en relatant scrupuleusement ce qu'ils avaient vu, Henri Decoin n'était qu'un artiste (un *artissss*, chuintait le concierge), un raconteur qui inventait des histoires à dormir debout.

Ça n'empêchait pas le concierge, et avec lui des centaines de milliers d'autres passionnés, de se précipiter chaque soir sur l'édition de dix-huit heures pour dévorer l'épisode du jour du *P'tit Parigot*, le feuilleton qu'Henri écrivait pour *L'Intran*, et dont on n'aurait pas manqué un épisode. Surtout que les héros affrontaient alors des péripéties particulièrement angoissantes : d'horribles malfrats avaient en effet enlevé Lucy, la bonne amie de Georges Grigny-Latour (capitaine de l'équipe de France de football, c'était lui qu'on surnommait le P'tit Parigot), et la séquestraient, en attente de la supplicier, dans la salle de torture d'un vieux château plein de rats visqueux et d'immondes scolopendres.

Ce n'était pas tant pour Lucy que le concierge et les centaines de milliers de lecteurs de *L'Intran* se faisaient du souci : il était évident que le P'tit Parigot finirait par arracher la demoiselle en détresse à ses ravisseurs – mais en volant au secours de Lucy, Georges Grigny-Latour n'allait-il pas arriver en retard au stade de Colombes où l'équipe de France devait disputer un match capital ?

Certains exégètes du roman d'aventures affirmaient que Lucy était une sorte d'avatar parisien de la Mrs. Aouda du *Tour du monde en quatre-vingts jours*, cette exquise Indienne que Phileas Fogg sauve d'une mort horrible, prenant ainsi le risque de perdre le pari qu'il a engagé devant le Reform Club. Les inconditionnels du petit *à suivre...* placé en bas de page s'en réjouissaient : si Henri Decoin se prenait pour Jules Verne, alors son P'tit Parigot, qui occupait déjà les colonnes du journal depuis un sacré bout de temps, n'était pas au terme de ses aventures !

Le concierge de *L'Intran* ne ratait jamais une occasion de soutirer quelques informations à mon père. Mais ce matin, au passage d'Henri, l'invalide se contenta de hocher la tête avec

133

compassion et de marmonner quelque chose comme : «Désolé, mon vieux...»

Un peu déconcerté, Henri s'engagea dans l'escalier qui menait à la rédaction, retrouvant aussitôt les odeurs familières d'encre grasse, de café bouilli, de tabac bleu et de laine mouillée.

Tous ceux qu'il croisait se rangeaient contre le mur, ôtaient chapeau, casquette ou béret, baissaient le nez et bredouillaient une formule de sympathie et de regret. Henri ne savait toujours pas qui était mort, mais la tristesse qui se lisait sur les visages donnait à penser qu'il devait s'agir au moins d'un chef de rubrique, sinon du rédacteur en chef, peut-être même du grand patron.

Dans la salle de rédaction, l'ambiance était plus funèbre encore – le cœur même du drame, forcément...

Les murs où l'on punaisait d'habitude ce qui faisait l'agenda du journal (dépêches, visages d'assassins recherchés par la police, épreuves fraîchement remontées de l'imprimerie, invitations à la Chambre, au Sénat, aux parades de la Garde républicaine, aux mariages mondains, meetings politiques, réunions du matin et causeries vespérales, etc.) étaient recouverts de portraits grand format des défunts.

Des défunts, oui.

Car ce qu'Henri avait d'abord pensé être un décès isolé était en réalité une véritable hécatombe : à première vue, une quarantaine de personnes avaient péri au cours de la nuit, toutes de mort violente, certaines précipitées sous les roues des omnibus, d'autres poussées dans le vide depuis les hauteurs d'un monument (la tour Eiffel, bien sûr, mais aussi l'Arc de triomphe ou la Belle Jardinière), voire même depuis un avion survolant Paris, d'autres révolvérisées, cruellement poignardées ou étranglées avec sadisme.

Relatés avec autant de détails qu'on en pouvait donner sans trop heurter la sensibilité des lecteurs, ces crimes s'étalaient sur toute la page où, d'ordinaire, figuraient les aventures rocambolesques du P'tit Parigot.

Emplacement logique, puisque les victimes du massacre n'étaient autres que les personnages du feuilleton, dont Georges Grigny-Latour et sa chère Lucy qui mouraient dans les bras l'un de l'autre.

Repoussant l'impressionnante couronne mortuaire barrée de l'inscription *À Georges, Lucy, Bouboule et tous les autres...* qui trônait sur son bureau, Henri parcourut rapidement la page encadrée de noir :

– Mais je ne les ai pas tués! fulminait-il. Au contraire, j'étais en train d'enrichir leur histoire pour qu'elle tienne encore un an ou deux...

Les journalistes, qui faisaient cercle autour de lui comme on entoure un veuf éploré au bord d'une tombe, échangèrent un regard entendu – les paroles d'Henri leur donnaient raison d'avoir agi avant qu'il ne soit trop tard, voilà ce qu'ils avaient l'air de penser.

– Et maintenant, dit mon père en se mettant en garde comme sur le ring à l'appel du gong, que le salaud qui a osé faire ça ait le cran de se dénoncer.

– Boulot collectif, mon vieux...

– ... on s'y est tous mis, toute la rédaction...

– ... oui, chacun a choisi un de tes personnages et s'est chargé de lui écrire une chouette fin. Tiens, si tu veux savoir, c'est moi qui ai liquidé ta Zarka la Sorcière.

– Mais pourquoi? vociféra Henri. Qu'est-ce qui vous a pris, bande de tarés?

– Il nous a pris qu'on en avait marre de ton P'tit Parigot. Un journal, faut que ça bouge. Doué comme tu es, tu vas bien nous inventer autre chose.

Un temps. Long intervalle de silence, d'immobilité. L'œil du cyclone. Même le crépitement des machines à écrire s'est interrompu.

Et brusquement, à en faire s'effeuiller d'un coup toutes les fleurs de la couronne mortuaire, à en faire valser téléphones, encriers et typomètres, à en déraciner les plantes vertes, à en exploser les vitres et les ampoules – tonitruant, énorme, radieux et ravi, le grand rire d'Henri...

8

C'est vrai, il aimait rire. Surtout, il savait rire.
Basculant la tête en arrière, plissant les yeux,
narines dilatées, bouche grande ouverte, donnant
l'impression qu'il avalait le monde comme ces
géants qui, buvant des fleuves, en ingurgitent
aussi les berges, les forêts et les villes riveraines,
ponts transbordeurs, abbatiales et aérodromes
compris.

Ce pourquoi je dois faire sourire ce livre – le
moins que je puisse faire pour que papa l'ac-
cepte. On me dira, maintenant qu'il est mort,
quelle importance ? Eh bien si, justement, parce
que s'il était encore là, je sais trop bien qu'il me
supplierait de ne pas l'écrire.

Supplier n'est d'ailleurs pas le mot, je n'ai jamais
vu mon père supplier qui que ce soit. Il ordonnait.
Calmes, les ordres, mais péremptoires.

Je lui aurais obéi. Je lui ai toujours obéi. Même le soir où on l'a retrouvé allongé sur le tapis chinois de son bureau, le cœur presque arrêté, en tout cas déchiré. Le médecin était là avant moi, il m'a chuchoté d'aller lui dire adieu parce qu'il n'arriverait pas vivant à la clinique, il allait mourir dans l'ambulance. Quand je me suis accroupi pour l'embrasser, papa m'a dit de lui servir un whisky sec, bien tassé. Ne fais pas ça, m'a dit maman, tu vas tuer ton père. Je l'ai fait quand même, toujours obéir à papa, j'ai soulevé sa tête pour qu'il soit bien à l'aise pour boire son whisky, qu'il en profite à fond, je n'avais pas lésiné sur la dose, j'ai senti les boucles de sa nuque me caresser la paume, ça faisait comme un chat dans ma main, un chat un peu lourd et qui semblait avoir froid, je lui ai demandé de ne pas mourir, pas comme ça, pas couché sur le tapis, alors il m'a dit laisse-moi finir ce putain de whisky et tu m'aideras à me relever, ne le bougez surtout pas a dit l'ambulancier, c'est mon père j'ai dit, j'ai aidé papa à se redresser, à se mettre debout, il ne tenait pas très bien sur ses jambes mais il n'est pas tombé, il s'est appuyé sur moi pour marcher jusqu'à la porte palière où attendait la civière pour l'enfourner dans l'ambulance où il devait mourir, et il n'est pas mort, ni dans l'ambulance ni à la clinique, il n'est pas mort ce soir-là, le scotch y

140

fut peut-être pour quelque chose, en tout cas c'est la preuve qu'une fois de plus j'avais bien fait d'obéir à mon père.

Et ce livre est tout le contraire, une désobéissance.

Encore à quarante-cinq ans de distance de son premier infarctus, Henri tenait une forme éblouissante.

Il continuait à nager, s'était initié au plongeon de haut vol, il boxait, se levait à l'aube pour faire ses six kilomètres de footing sans devoir mordre sur ses heures d'écriture (journalistique toujours, romanesque de plus en plus, à quoi s'ajoutait sa nouvelle fonction d'éditeur et directeur de la collection «Tous les sports par des champions»), il pilotait un avion quand un copain aviateur lui en offrait l'occasion, et il s'essayait au cyclisme sur route afin de mieux appréhender les sensations, les souffrances surtout, des coureurs du Tour de France qu'il allait désormais suivre pour *L'Auto* – une idée que venait d'avoir Desgrange :

– Tu comprends, au milieu des coureurs, je me fais l'effet d'une mère chatte jouisseuse qui se donne de toutes ses petites mamelles à ses petits chats, et qui les aime tous bien tendrement...

Henri avait du mal, vraiment, à imaginer le grand patron de *L'Auto* sous les traits d'une belle grosse chatte maternelle et ronronnante. Des années plus tard, il en riait encore. Là, pour l'instant, il devait se mordre l'intérieur des joues presque jusqu'au sang pour garder son sérieux.

— J'assure le compte rendu de l'étape, poursuivit Desgrange, le reportage au cœur de la bataille, je commente le classement – bref, je fais du journalisme. Mais sur le Tour, il faut aussi de la littérature. À toi ce boulot. Cet art, si tu préfères. Écris ce que tu veux, mais écris-le bien. Et même mieux que bien.

La chronique proposée serait quotidienne, passerait à la Une et s'appellerait *Avec eux sur la grand'route*.

Début juillet, Henri embarqua donc à bord d'une voiture suiveuse, une Peugeot balafrée et vomissant de la poussière de partout, mais d'une vaillance qui suscitait presque autant d'applaudissements dans la montée des cols pyrénéens que les coureurs eux-mêmes. Il faut dire que les routes n'en étaient pas, cloutées de silex, édredonnées de poussière, crevassées de caniveaux, livrées aux divagations des chevaux, ânes, bœufs, veaux, chèvres, moutons, porcs, troupeaux d'oies. Et quand, pour honorer le Tour, les autorités locales lui offraient une portion de route asphaltée – à «surface glacée», comme on disait alors –, le goudron tournait pommade sous l'ardeur du soleil, pénétrait par tous les interstices, empoissait les pneumatiques et engluait les mécaniques.

Henri menait hardiment la Peugeot vers les sommets, mais abandonnait le volant sitôt qu'il s'agissait de redescendre dans la vallée. Prétendant qu'on ne lui avait pas appris à conduire dans les descentes.

La vérité, c'est qu'une fois le résultat de l'étape acquis au passage du col, il était impatient d'étudier et d'annoter son *Guide Michelin pour les chauffeurs et les vélocipédistes*. Il entretenait une véritable passion pour la province française en général, et en particulier pour ses auberges du bord des routes. La vision anticipée d'une salle aux poutres apparentes, avec nappes à carreaux rouges et blancs et cuivres accrochés aux murs, le tout baignant dans un fumet de coq au vin, le faisait fondre de volupté.

Pour lui, faire un «simple détour» de trois cents kilomètres pour déguster un gratin de queues d'écrevisses (à Sassenage, car il n'en voulait pas goûter ailleurs), ou des pieds de porc à la Sainte-Menehould, n'a jamais relevé de l'exceptionnel.

Je n'avais pas encore dix ans qu'il me chargeait, lorsque la famille se déplaçait en voiture,

143

de répertorier les meilleures tables jalonnant notre itinéraire. En tenant compte, bien sûr, de la fameuse tolérance des trois cents kilomètres de part et d'autre de la nationale. Après avoir coché les établissements étoilés, je devais lire à voix haute, avec un maximum de conviction gourmande, les descriptions et appréciations qu'en donnait le guide rouge. Après quoi, papa mettait aux voix. Le vote de ma sœur Risou (diminutif de Rose-Christine) et le mien avaient le même poids que ceux des parents. Étant quatre à nous prononcer, nous aboutissions souvent à une situation de blocage, d'autant que, contrairement aux pratiques en usage dans les jurys littéraires, il n'y avait pas de voix départageante. La compétition entre le restaurant spécialisé dans le feuilleté d'escargots de Bourgogne (nos délices, à Risou et à moi) et celui couronné pour son incomparable salmis d'alouette (le chouchou parental) pouvait ainsi s'étirer sur plusieurs heures, nous faisant oublier la longueur du trajet.

Dès son deuxième Tour de France, en 1924, Henri (qui était alors en plein dans sa période Henry) avait rassemblé assez d'anecdotes pour composer un feuilleton encore plus pétillant de péripéties que feu *Le P'tit Parigot*.

Le Roi de la Pédale, titre du nouvel opus qu'il comptait écrire à quatre mains avec un journaliste sportif de ses amis – Paul Cartoux, qui suivait le Tour pour *L'Intransigeant* –, se proposait de raconter l'extraordinaire épopée d'un petit groom de l'hôtel Negresco, un môme qui s'appelait Richard, Fortuné Richard, un gosse de rien du tout, en somme une sorte d'Henri Decoin, rêvant de triomphe et de gloire, fou de sport en général et de bicyclette en particulier.

Injustement flanqué à la porte de son palace, Fortuné abandonnait son bel uniforme bleu à broderies et boutons d'argent pour se faire embaucher chez Pierard, un constructeur de cycles, où il revêtait la salopette raide de cambouis d'un apprenti mécanicien.

La chance de sa vie, à ce bout d'homme! Car en dépit du sadisme du contremaître la Bonbonne et de la perfidie des coureurs jaloux, Fortuné réussissait à prendre le départ du Tour de France, à échapper aux innombrables pièges semés sur sa route, et à remporter l'épreuve mythique en menant au triomphe la marque de cycles de son patron. Lequel, ayant une fille à marier, ne pouvait faire autrement que d'accorder la main d'icelle à Fortuné.

Échaudé par la fin brutale que ses confrères de *L'Intran* avaient réservée aux héros de son

P'tit Parigot, Henri persuada Paul Cartoux que leur Fortuné Richard serait mieux traité dans les colonnes de *L'Auto*.

Desgrange s'emballa aussitôt pour le projet. Il est vrai que le tandem Decoin/Cartoux ne proposait pas seulement un feuilleton populaire conçu pour fidéliser les lecteurs du journal : les deux reporters envisageaient d'en tirer aussi un cinéroman, c'est-à-dire un film à épisodes, dont la particularité serait d'intégrer dans les aventures imaginaires de Fortuné de larges séquences de reportage, bien réelles celles-là, sur le Tour de France – or faire la promotion du Tour, c'était faire celle de *L'Auto*.

L'idée de donner un prolongement filmé au *Roi de la Pédale* s'était imposée à Henri quand il s'était aperçu que les innombrables spectateurs présents sur la route du Tour n'empêchaient pas qu'il y ait en France un nombre immense de gens qui ne verraient jamais les visages pathétiques, décomposés par la souffrance, des coureurs escaladant l'Aubisque, le Tourmalet, l'Aspin ou Peyresourde.

Qui n'assisteraient pas non plus à ces départs donnés au cœur de la nuit, comme ce 3 juillet devant la Grande Brasserie Miremont de Bayonne où, à deux heures du matin, au cri traditionnel de « Allez, messieurs ! », quatre-vingts coureurs encore bouffis de sommeil, le cheveu humide de la sueur des rêves et l'haleine lourde, s'étaient élancés pour en découdre avec la montagne.

Qui devraient se contenter d'imaginer – on leur raconterait, bien sûr, Henri et les autres étaient là pour ça, mais ça n'était pas comme s'ils avaient eu leurs yeux pour voir – cette silhouette qui, une demi-heure après le départ, avait soudain surgi des ténèbres et s'était rapprochée de la voiture des commissaires de course en poussant des hurlements déchirants. C'était le belge René Wendels qui arrivait en pédalant comme un forcené, à moitié en caleçon, pour dénoncer un effroyable complot ourdi contre lui : des coureurs logeant à son hôtel avaient en effet convaincu la femme de chambre que ce pauvre Wendels, le fessier à vif et les genoux détruits, avait décidé d'abandonner le Tour – alors, n'est-ce pas, autant le laisser récupérer et dormir tout son soûl.

«Rarement entendu un homme sangloter comme ça, se souvenait Henri qui avait pourtant la tête encore pleine des plaintes des soldats inconsolables. Sauf à perdre la voix pour cause de froidure dans la montagne, ce diable de Wendels allait finir par contaminer toute la caravane avec son désespoir. Non seulement il gémissait et piaillait de façon lamentable, mais il zigzaguait entre les véhicules pour ne pas perdre le contact avec la caravane, préférant visiblement mourir écrasé plutôt que de traîner toute sa vie la rage d'avoir été éliminé du Tour de France à cause de la naïveté d'une petite femme de chambre. Il était si poignant, les larmes lui giclant des yeux et retombant comme des balles traçantes dans la lumière des phares – car il pleurait pour de vrai, le bougre, et entre deux sanglots jetait des anathèmes effroyables contre la race honnie des femmes de chambre –, que ce grand cœur de Desgrange, plus chatte maternelle que jamais, lui avait permis de rejoindre le peloton comme si de rien n'était.»

Et sans le réalisme du cinéma, comment croire à l'existence de cette très vieille femme traversant la brume au sommet du Galibier pour venir confier à Henri la vérité vraie sur le Tour de France? Car elle qui vivait pas loin dans la montagne, en compagnie d'un bouc et de quelques chèvres, elle savait bien de quoi il retournait : ces hommes à bicyclette qui passaient sur son Galibier avec une régularité de comète – elle avait compté : elle les voyait revenir tous les trois cent soixante-cinq jours à peu près –, les yeux injectés de sang, les veines du cou prêtes à se rompre, n'étaient pas des sportifs comme on voulait le faire croire, mais des condamnés qu'on obligeait à tourner en permanence autour de la France pour expier on ne savait quelle faute. Elle avait entendu dire que ça durait comme ça depuis dix-huit ans. Alors, si le journal que représentait Henri ouvrait une pétition pour qu'on mette fin à ce châtiment inhumain, la vieille était prête à signer. D'une croix, car elle ne savait pas écrire.

Voilà le genre de choses, s'enthousiasmait Henri, qu'on allait pouvoir, grâce au cinéma, faire partager à des centaines de milliers de gens.

En prime des exploits de Fortuné Richard, le film donnerait à voir le Tour tel qu'il était en vérité, on montrerait ce coureur qui, un jour de déluge entre Cherbourg et Brest, s'était arrêté chez l'habitant pour quémander un bout de toile cirée, celle qui recouvrait la table familiale, afin de s'en faire un paletot, on ne cacherait rien des coups de gueule, des petites bassesses, des clous discrètement semés sur la route, du billet qu'une main anonyme glissait au coureur en plein effort pour l'avertir que sa femme restée à Paris se la jouait belle et crapuleuse avec un accordéoniste, on dévoilerait le contenu des mystérieuses petites boîtes rouges qu'on distribuait parfois aux coureurs lors des ravitaillements – des gaufrettes Hémosine fourrées à l'oxyhémoglobine «régénératrice des forces, puissant tonique des nerfs, agréable au goût...».

149

À l'étape, longtemps après l'arrivée des coureurs qu'annonçait alors la sonnerie d'un clairon posté à l'entrée de la ville, et surtout après avoir rédigé et transmis leurs papiers respectifs, Decoin et Cartoux se retrouvaient dans une brasserie à faire des heures supplémentaires pour rassembler et mettre en ordre les anecdotes que chacun moissonnait pour alimenter leur *Roi de la Pédale*.

Quand l'étape était pyrénéenne, proche de la frontière espagnole, Henri entraînait Paul de l'autre côté de celle-ci pour déguster un ou deux, voire davantage si la nuit était brûlante, de ces alcools anisés tout de même plus musclés que ceux autorisés par la loi française.

Un troisième homme s'était rapidement joint à eux : Georges Biscot, le pitre à la mode, le comique le plus adulé du cinéma français.

Henri avait compté : rien qu'à Sarreguemines, Biscot avait été embrassé par très exactement cent soixante-treize jeunes filles ; la précision de ce décompte autorisant à penser que mon père, s'agissant des charmes féminins, n'était pas insensible à une certaine jalousie.

Très farce mais très professionnel, Biscot trouvait chaque soir un peu plus épatant le scénario héroïco-comico-vélocipédique qu'étaient en train de concocter Decoin et Cartoux. Emballé à l'idée d'incarner Fortuné Richard, il se faisait fort de convaincre Louis Feuillade, l'homme aux huit cents films[18], dont il était l'un des acteurs fétiches, de mettre en scène les six épisodes du cinéroman.

Malheureusement, ni l'enthousiasme ni les pitreries de Biscot ne surent empêcher Feuillade de mourir à cinquante-deux ans des suites d'une péritonite. Sa santé fragile l'ayant incité à former un dauphin, ce fut son gendre, Maurice Champreux, avec lequel Feuillade avait d'ailleurs coréalisé ses deux derniers films, qui mena à bien, et même à très bien, la réalisation du *Roi de la Pédale*.

Mais la compétence et l'énergie de Champreux ne consolèrent pas Henri de la disparition de Feuillade. Pas tant pour ce qu'il aurait pu apporter aux aventures de Fortuné Richard, qui n'étaient pas vraiment dans la lignée magnifique de celles des *Fantômas*, *Judex* et autres *Vampires*, que pour ce qui risquait désormais de manquer au cinéma : le surréalisme que Feuillade, selon la formule heureuse et juste que devait en donner plus tard Alain Resnais, pratiquait « comme on respire ».

Si le surréalisme consiste à poétiser le quotidien, le banal, le terne et l'insipide, alors papa

18. Certains, il est vrai, n'étant que des courts métrages de quelques minutes...

151

était, lui aussi, un grand surréaliste. Pas dans ses films, mais dans sa vie. Et par conséquent dans celle de ses proches.

C'est ainsi qu'il entreprit un jour des démarches en vue d'acquérir une salle de cinéma à Beaugency, chef-lieu de canton du Loiret, ville pour laquelle il se sentait des affinités aussi électives que Jules Romains pour Ambert ou Dalí pour Perpignan.

Nous eûmes beau lui faire valoir que l'achat d'un cinéma complet avec cascade de néons sur la façade, caissière dans son aquarium, ouvreuse(s) aux jambes longues, fines et nerveuses, local réfrigéré pour stocker les esquimaux, profusion de fauteuils rouges à l'orchestre et au balcon, cabine de projection avec projectionniste intégré, etc., lui reviendrait beaucoup plus cher (*vraiment* beaucoup, insistait maman qui n'avait pas pour Beaugency la même tendresse que papa) que s'il s'offrait un chouette projecteur de salon, il n'en démordait pas : à bientôt soixante-dix ans, il en était arrivé à la conclusion que rien ne vaudrait jamais un Beaugency-Palace bien à lui pour se projeter à satiété, dans une sérénité doucettement provinciale et sans être emmerdé par personne, les films qu'il aimait vraiment par-dessus tout, en tête desquels il plaçait *Le Voleur de bicyclette* de De Sica, *Quand passent les cigognes* de Kalatozov, *New York-Miami* de Capra, *Un Américain à Paris* de Minelli, tous les films d'Orson Welles, de Vigo et d'Ophuls, ainsi qu'une curiosité britannique qui l'avait bouleversé, une bizarre histoire de prédestination, je me souviens d'avoir vu ce film une fois avec lui, au Biarritz de la rue Quentin-Bauchart, et depuis j'ai perdu sa trace, c'est comme s'il n'avait jamais existé, et pourtant ses images me hantent – un avion genre DC3, un aérodrome très haut dans le Nord, un passager en trop, et papa se penchant pour me chuchoter à l'oreille ce qui allait arriver comme si c'était lui qui avait fait le film, ça s'appelait *La Nuit où mon destin s'est joué*.

Plus surréaliste encore, la grande jonque sang de bœuf qu'il avait louée sur le Mékong pour nous y loger, maman, ma sœur et moi, le temps de tourner là-bas cinq ou six films qu'il entendait tirer de la fresque de Jean Hougron, *La Nuit indochinoise*.

J'avais déjà prévenu mes copains que je ne finirais pas l'année scolaire avec eux pour cause d'Annam, ils en bavaient de jalousie, ils trouvaient que j'avais le père le plus génial du monde, je pensais comme eux, le jeudi maman

m'emmenait essayer des shorts et des chemi-
settes légères aux Vêtements Tropicaux, c'était
presque aussi excitant que d'aller au cinéma, et
puis la piastre a été brusquement dévaluée, du
coup le producteur de papa a baissé les bras et
le Constellation d'Air France s'est envolé sans
nous vers Saigon.

Papa nous conduisit quand même à Orly
pour le voir décoller. Ce n'était pas sadisme de
sa part, tout au contraire, il voulait que nous
sachions combien était beau le rêve qu'il avait
fait pour nous.

Une part non négligeable du *Roi de la Pédale*
fut donc tournée sur le parcours même et avec
la complicité de certains des protagonistes du
Tour 1925.

En plus des voitures suiveuses, un véhicule
spécialement équipé pour les prises de vues évo-
luait parmi le peloton. Les sunlights attiraient
les coureurs comme des papillons de nuit, dont
ils avaient d'ailleurs, courbés sur leurs machines,
le petit corps bombé et l'allure saccadée.

En regardant ces papillons filer sur la route
qu'ensoleillaient en pleine nuit les lumières du
cinéma, Henri se disait que c'était plus beau que
tout ce qu'il avait déjà vu de vraiment beau
– plus beau que la chevelure de l'infirmière à
l'ombre du tilleul, plus que le Danube qu'il avait

descendu en bateau à roues, que les cigarettes orientales à bout doré fumées au wagon-restaurant de l'Orient-Express.

Il était en joie.

La joie étant chez lui à la fois si fréquente et si protéiforme, si désordre même, qu'il en avait classé les bouffées selon quatre catégories à l'image des quatre saisons : il y avait d'abord celle qu'il appelait sa joie d'été, de toutes la plus hédoniste et la plus primale, une joie mal élevée dont les manifestations le poussaient parfois au chahut ; il y avait la joie d'automne, une joie plus en sourdine que les autres, qui ne se détachait pas tout de suite de l'arbre, qui devait mûrir ; il y avait la joie d'hiver, peut-être la moins expansive parce que c'était une joie de coin du feu, d'intimité, d'apaisement, une de ces joies qu'on partage modestement à deux, la même gaufrette dans laquelle on mord ensemble.

Mais cette nuit de Tour et de tournage, la joie qui le tenait, qui lui coupait le souffle, c'était la joie du printemps, la joie lumineuse, la joie des projets et des promesses.

— Est-ce que c'est toujours comme ça, le cinéma ? avait-il demandé à Maurice Champreux.

— Tu n'as encore rien vu. Ce sera bien mieux au soleil de Nice. Et encore mieux que mieux quand on tournera avec la petite.

La petite, c'était Blanche Montel, une pétulante brunette que Champreux et Biscot avaient choisie pour être Simone Piérard, la fille du constructeur de cycles, la fiancée du petit groom roi de la pédale.

Ce n'était pas n'importe qui que Rose Blanche Jeanne Montel !

Elle avait à peine deux ans lorsqu'elle avait fait sa première apparition sur les planches dans *Mignon*, l'opéra d'Ambroise Thomas. Elle n'avait qu'une réplique à dire, mais qui était ovationnée à chaque représentation. À onze ans, elle avait décroché un rôle plus conséquent, mais muet puisque cinématographique, dans *La Fille de Delft* d'Alfred Machin, réalisateur plus profond (il était notamment un progressiste et un pacifiste convaincu) que ne le laissent supposer son nom et les titres parfois bouffons de certains de ses films comme *Saïda a enlevé le Manneken-Pis*.

Blanche avait vingt-trois ans, et donc déjà quelques rôles marquants à son palmarès, lorsque ses grands yeux sombres croisèrent ceux d'Henri. Lequel en fut vivement impressionné. Non pas parce que Blanche était une jeune célébrité de la scène et de l'écran – pour Henri, les vedettes du muet n'existaient tout simplement pas face aux champions du ring, des piscines et

156

des cols –, mais parce que la façon dont elle avait débuté dans la vie valait tous les mélos dont raffolait alors le public.

Sa mère, Fernande Bénard, issue d'une famille de cultivateurs de onze enfants, s'était placée à Tours comme domestique dans une famille réputée. Une bonne maison, sauf que Fernande n'avait pas su résister aux avances du fils de la famille et s'était retrouvée enceinte. Le galapiat, qui appartenait à cette bourgeoisie hypocrite où l'on n'avortait pas mais où l'on abandonnait sans scrupule, avait promis de subvenir aux besoins de la pauvre fille, envisageant même un possible mariage, si elle renonçait à l'enfant à sa naissance.

Fernande avait consenti. Et le 14 août 1902, par une chaleur de bête, elle avait mis au monde une mignonne petite freluquette qu'elle avait donc refusé de voir et de caresser – c'était déjà presque trop compromettant d'avoir ouï son premier cri.

Mais une des religieuses de la maternité, qui pour être moniale n'en avait pas moins tout compris de l'instinct maternel, avait joué les mal informées, les étourdies, les andouilles : profitant d'un moment de somnolence de Fernande, elle était venue lui coller son bébé dans les bras.

– Ah! mon Dieu, s'était écriée Fernande, mais qu'est-ce que c'est que ce paquet chaud qu'on me pose sur le ventre? Non, non, ma sœur, j'en veux point, j'ai pas le droit de toucher ça... encore moins de le câliner... attendez pourtant, dites-moi seulement, c'est-y un gars ou une pucelotte?... ah! une fille... pauvre petit bout... et déjà délurée avec ça, voyez donc comme elle me rampe dessus... comme elle remonte de mon ventre à mes tétons... de mes tétons à ma bouche... holà! petite ponette, pas plus loin, empêchez-la, ma sœur, et moi, empêchez-moi de la voir, jetez un linge sur elle, bandez-moi les yeux, je ne veux pas la regarder, j'ai peur qu'elle me plaise, peur de l'aimer...

Fernande vit sa fille, la trouva belle à mourir, belle à tout risquer pour elle, et en effet risqua tout, quitta l'hôpital son bébé dans les bras, le galapiat la guettait sur le trottoir d'en face, il la traita de félonne, parjure et déloyale, il tourna les talons et elle n'entendit plus jamais parler de lui.

Fernande, à qui l'existence de sa petite Blanche donnait à présent toutes les audaces après avoir failli faire d'elle une femme lâche, se présenta au Grand Théâtre de Tours dans l'espoir d'être engagée au moins pour épousseter les fauteuils. Comme elle avait un assez joli filet de voix et un physique à l'avenant, elle fut enrôlée comme choriste. C'est ainsi que bébé Blanche figura dans *Mignon* et que le charmant minois de sa mère tapa dans l'œil d'Abraham Montel, baryton au grand cœur, lequel n'hésita pas à reconnaître légalement comme sienne la fillette de Fernande.

– Alors ça, j'adore ! s'exclama Henri quand Blanche eut terminé de lui conter son histoire ; et il se mit à marteler violemment le sol avec son pied droit, il martelait toujours ainsi quand il était très enflammé, très enthousiaste – moi j'étais habitué, mais ça faisait peur à nos chats et aux voisins du dessous.

– Qu'adorez-vous donc, cher Henri ? fit-elle de sa petite voix aux intonations bien ourlées.

– Mais tout ! Votre histoire, votre mère, ah ! une combative celle-là, une bagarreuse, elle me rappelle la mienne, et votre père de substitution, quel type épatant, d'ailleurs j'ai toujours eu un faible pour les artistes lyriques, et par-dessus tout il y a vous que j'adore...

Il lui fit alors un cadeau secret dont elle ne découvrit la teneur que bien plus tard : de peur qu'elle ne prenne prétexte de leur différence d'âge (douze ans, tout de même, et d'évidence ce n'était pas un père qu'elle se cherchait...) pour se refuser à lui, Henri ajouta une espèce de petite queue de cerise au dernier zéro de sa date de naissance.

Sur tous ses papiers officiels, 1890 devint 1896.

159

Ainsi avons-nous vécu selon deux calendriers, le grégorien et le henrien (ou henryen). La gentille supercherie pour cause d'amour perdura jusqu'à sa mort et au-delà, puisque aujourd'hui encore certaines notices biographiques parmi les plus sérieuses persistent à rajeunir mon père de six ans.

Les bobines impressionnées étaient expédiées par train rapide vers le laboratoire de développement, d'où elles revenaient quelques jours plus tard prêtes à être projetées.

Champreux et son équipe les visionnaient dans une chambre d'hôtel grâce à un projecteur de campagne. Quelques privilégiés, dont Biscot qui en avait mis un tel coup dans les Pyrénées (le public ne s'y était pas trompé, qui l'avait ovationné comme un vrai coureur) qu'il en avait les jambes encore tremblantes et les fesses bleuies, avaient le droit de s'asseoir sur le lit, les autres se groupant par terre, une assiette de charcuteries sur les genoux.

Henri en avait déduit que le parfum dominant du cinéma était celui du jambonneau, des rillettes et du saucisson. Il ne revint jamais sur cette première impression, même quand il dirigea (de très près) des starlettes qui embaumaient un patchouli exacerbé par la chaleur des projecteurs. La cochonnaille correspondait parfaitement à l'idée qu'il se faisait alors (qu'il se fit longtemps) du cinéma : un loisir populaire, de la même farine qu'un bal musette, qu'un jour à Luna-Park, un match international à Colombes, un samedi de chine chez les pêcheurs de lune de la porte de Saint-Ouen, vingt-quatre heures aux Six Jours de Paris ou ces minutes éblouissantes passées autrefois (autrefois ? déjà autrefois ?...) à regarder Antoinette suçoter des pieds panés.

Le cinéma était d'abord un travail, un sacré boulot, aussi éreintant que cantonnier, où on se prenait autant de coups de soleil qu'un jardinier, où les nuits étaient aussi courtes que celles des boulangers et des gardes-barrières, où le seul privilège sur le commun des mortels était de savoir par expérience que lorsqu'elle arrivait encore toute bouffie de sommeil au maquillage, la jeune première ravissante que la France entière rêvait d'embrasser sur la bouche avait la même haleine matinale un peu fétide que n'importe qui.

Sur ce film en tout cas, tout le monde était traité, c'est-à-dire maltraité, à la même enseigne. Il fallait être en place dans les lacets du col bien avant l'apparition des coureurs, on grimpait à la sherpa, le front bas et obstiné, en crapahutant dans la caillasse instable. Le plus solide, et c'était souvent Henri, se coltinait la caméra et son pied, ou une brassée d'écrans réflecteurs, on aurait dit

161

d'un Christ sur son Golgotha, dans le vent, le froid, les cailloux qui roulaient. Et quelquefois, c'était pour rien : le blanc floconneux du brouillard faisait ressembler l'image à une page blanche avec rien dessus.

Tout ça compta pour beaucoup dans l'engouement qu'éprouva tout de suite Henri pour les tournages, du moins ceux qu'on pratiquait à l'air libre et qui impliquaient une activité physique exigeante – le cinéma tendant alors à l'équilibre idéal entre penser et se dépenser.

Au fond, le cinéaste était peut-être un sportsman qui s'ignorait.

La même année 1925, *Le Roi de la Pédale* fut publié chez Gallimard dans la collection «Cinario», il débuta en feuilleton dans une édition spéciale de *L'Auto* datée d'octobre, sa version cinématographique fut projetée un peu partout en France, et notamment dans les villes-étapes du Tour qui lui réservèrent l'accueil qu'on imagine, tandis que le 4 décembre, au théâtre de l'Eldorado, avait lieu la générale d'une version scénique qu'en avaient tirée Cartoux et Decoin.

Henri jubilait : grâce à l'entregent de Biscot, au charme pétillant de la demoiselle Blanche, et aussi à la curiosité que suscitaient des prises de vues montrant le Tour «comme si vous y étiez», le film faisait le plein de spectateurs. Du coup, Paul Cartoux et lui s'étaient aussitôt attelés à l'adaptation du *P'tit Parigot* dont Biscot avait accepté d'être l'interprète.

Même le très sarcastique Jeanson s'était fendu d'un sourire, de quelques louanges et d'une tournée générale, pour saluer les succès d'Henri au cinéma.

Il faut dire que *Le Roi de la Pédale*, ça faisait autrement sérieux que *Le Duel de Plouf*, court métrage de Fernand Rivers où Jeanson s'était commis comme acteur. Depuis cette expérience, pressentant que la série des *Aventures de Plouf* n'était peut-être pas la meilleure façon de servir le cinéma exigeant qu'il appelait de ses vœux, Jeanson se contentait d'attendre l'arrivée du parlant en affûtant la langue qu'il n'avait pas dans sa poche. S'étonnant seulement que son ami Henri n'en fasse pas autant.

Papa, lui aussi, était persuadé que le parlant allait changer bien des choses.

Seule la parole, en tout cas, donnerait leur véritable force à des scènes comme celle du mutilé de guerre ouvrant les portières des limousines et saluant bas les noctambules – rien ne révélerait mieux ce qu'il y avait là de scandaleux que le contraste entre le babil indifférent des fêtards et le merci plein de honte que s'obligerait à murmurer l'invalide en recevant une piécette.

Le son synchrone permettrait aussi d'entendre le bruit de la piécette tombant et roulant sur le trottoir, se perdant peut-être dans le caniveau, le manchot n'ayant pas pu, de la seule main qui lui restait, à la fois tenir la portière et recevoir l'aumône.

Tous les soirs où il n'avait pas à rendre compte d'un match de boxe, Henri sortait avec la petite Blanche qui s'était mis en tête de faire son éducation théâtrale.

Au hasard des billets de faveur qu'elle obtenait, Henri, sous sa conduite éclairée, passait ainsi sans transition d'*Athalie* au *Voyage de Berluron*, d'*Orphée* aux *Crochets du Père Martin*, de Courteline à Shaw – Pygmalion, pour le coup, c'était elle !

Mais les soirs où les rings et les théâtres parisiens affichaient relâche, Henri n'était plus là pour personne, penché jusqu'au point du jour sur le manuscrit de son coup de gueule contre l'ingratitude et l'oubli, son *Flambeau dans la nuit*.

Il écrivait intensément, mais sans précipitation. Une écriture déjà très imagée, très sonore, très dialoguée, dont il n'aurait ensuite aucune difficulté à faire un scénario. Car il porterait *Le*

Flambeau dans la nuit de l'écrit à l'écran, cette fois seul à la barre, scénariste, metteur en scène et mari de la jeune première – le moment venu, il demanderait à Blanche de l'épouser et glisserait dans sa corbeille de mariage le rôle de l'infirmière Marie-Thérèse.

Bien sûr, celle-ci était décrite dans le *Flambeau* comme étant très blonde alors que Blanche était très brune – bon, et alors? Henri-le-cinéaste n'allait tout de même pas passer à côté d'une histoire d'amour et d'un film au prétexte qu'Henry-le-romancier avait fantasmé sur une infirmière blonde.

D'ailleurs, l'adaptation éventuelle du *Flambeau* posait un problème autrement sérieux.

Pour exprimer leurs émotions, surtout dans des situations dramatiques, et tout était dramatique dans ce roman, les acteurs du muet faisaient rouler leurs yeux. Ça frisait souvent le grotesque, tout le monde en était conscient, mais c'était une convention, et les plus grandes vedettes, Emil Jannings, Renée Falconetti, Ivan Mosjoukine, Pola Negri ou Ramon Novarro, s'y pliaient – certains faisaient même du zèle.

Or le héros du *Flambeau*, le sous-lieutenant André Darney, n'était pas seulement aveugle : l'explosion lui avait arraché les globes oculaires, le laissant avec deux trous béants au milieu du visage. Ne pouvant rouler des yeux sous le pansement ou les lunettes noires dissimulant ses orbites vides, le comédien qui incarnerait le malheureux Darney n'aurait d'autre ressource pour exprimer sa souffrance et sa révolte que d'en parler.

Là était l'obstacle, pour l'heure insurmontable. Car s'il savait enregistrer et reproduire les sons, le cinéma était toujours incapable de les synchroniser avec les images. Il faisait du bruit mais n'articulait pas.

Le temps du muet était comme ces chapelets de dépressions nées dans l'Atlantique et qui défilent sur la France : molles, grises, on n'en voit pas la fin.

Pour autant, Henri ne reniait pas *Le Roi de la Pédale*, ni son *P'tit Parigot* que René Le Somptier venait de porter à l'écran – avec la collaboration, plutôt inattendue pour un modeste feuilleton, de Robert et Sonia Delaunay qui en signaient les décors et les costumes; pas plus qu'il ne renia plus tard des films purement alimentaires, que je préfère d'ailleurs appeler ses films frontière, en référence à cette frontière qu'il avait dressée entre nous, sa famille, ses «siens», et la hantise qu'il avait de nous voir manquer un jour de quelque chose – une hantise qui, avec l'âge et la maladie, avait tourné à l'effroi véritable.

Non, il ne reniait rien, mais il croyait avoir autre chose à dire que des cocasseries, surtout maintenant qu'il avait rencontré des gens impossibles à décevoir : Cocteau qui lui avait dessiné sur le dos de la main un portrait rêvé de l'ange Heurtebise (l'ange n'en finissant pas, le dessin s'était prolongé sur la veine bleue du poignet), et Tristan Bernard qui essayait sur lui ses bons mots les soirs où ils allaient ensemble à la boxe, et ce drôle de jeune Belge, Georges Sim, de treize ans son cadet, une flèche, un éclair, un homme-foudre capable de vous écrire un roman populaire en quelques matinées seulement, assis à la terrasse d'un café, ça s'appelait *Le Roman d'une dactylo*, et lui en vrai il s'appelait Simenon, il avait commencé un peu comme Henri, né dans une chambre-cuisine sans eau ni gaz, ayant, tout comme Henri, arrêté ses études (brillantes, les siennes) quand son père était tombé malade, il était comme Henri devenu journaliste en 1919, et son premier bouquin, *Au Pont des Arches*, avait été publié par un certain Bénard, le même nom que la mère de Blanche – ce n'est pas le monde qui est petit, disait papa, c'est le hasard qui est grand.

Et désormais, parmi les indécevables, il fallait ajouter un certain Pagnol qui aimait la boxe (décidément!), la natation, les femmes aux épaules effrontées, et dont la première pièce, *Les*

Marchands de gloire, histoire d'un père qui exploitait le prestige de son fils (il le croyait mort en héros à Verdun) pour satisfaire ses mornes ambitions personnelles, avait flanqué à Henri une chair de poule mémorable – car voici un phénomène étrange qui n'avait rien à voir avec la température : dès que papa tombait en admiration éperdue, sa peau devenait grenue et toute hérissée.

Et ces amis tout neufs, tous, absolument tous, auxquels s'étaient joints Jeanson, et bien sûr la petite Blanche, et même l'ange Heurtebise juste avant de s'effacer de dessus la main où Cocteau l'avait posé, avaient l'intuition qu'Henri avait en effet beaucoup à espérer, sinon tout à attendre, du cinéma.

9

Tant qu'il fut muet, le cinéma n'eut pour les écrivains que respect et considération.

Il est vrai qu'il était entre leurs mains. À Paris, la puissante Société cinématographique des auteurs et gens de lettres, fondée par deux romanciers, Pierre Decourcelle et Eugène Guggenheim, appuyés par des banquiers, exploitait un répertoire de trois cents auteurs et disposait d'un studio où l'on pouvait tourner quatre films à la fois. En Allemagne, seul pays d'Europe à pouvoir vraiment concurrencer le cinéma français, c'était la romancière Olga Wohlbruck qui avait été désignée pour superviser tous les films produits dans les gigantesques complexes de Berlin-Mariendorf.

L'idylle entre le cinéma et la littérature était à son apogée. Pour les romanciers, les studios étaient comme autant de petits Klondike à la rutilante époque de la ruée vers l'or.

Les auteurs accoutumés à tirer le diable par la queue se prenaient à rêver quand ils découvraient que si le tournage d'un film comme *Les Misérables*, version 1913 d'Albert Capellani (avec Mistinguett dans le rôle d'une des filles Thénardier, c'est dire qu'on n'avait reculé devant aucune dépense somptuaire!), avait coûté la somme impressionnante de cinquante mille francs, les droits d'adaptation versés aux héritiers de Victor Hugo s'étaient élevés à plus de cent quatre-vingt mille francs.

Henri, qui n'était héritier que de Joseph Auguste et de Zoé Anaïs, et dont les «romans de sport» *Bob Clarkson, contorsionniste, acrobate et coureur sur route* ou le charmant *Dudule, Nénesse et Laripette* avaient évidemment peu de chances de connaître jamais la notoriété des *Misérables*, ne comptait guère sur des droits d'auteur pour se remplir les poches.

Mais avec l'optimisme de la jeunesse (dans le Paris des années vingt, on était réputé jeune jusqu'à quarante ans, et Henri n'en avait que trente-sept), il espérait bien que l'avènement du parlant permettrait aux scénaristes de se faire payer au nombre de mots que diraient les acteurs, un peu comme les feuilletonistes du XIXe avaient été rétribués à la ligne. Sachant que la plupart des comédiens doués de parole (ceux du théâtre, donc) ne se privaient pas pour « faire du texte », un tel système ne pourrait qu'améliorer la situation des auteurs.

En attendant, en cette année 1927, le cinéma gardait bouche close et Henri avait besoin d'argent.

Car il allait se marier.

Aux derniers jours de l'été, Henri et Blanche s'étaient offert une escapade amoureuse en Provence. Au prétexte de lui expliquer la méthode de récolte des olives, dont bien sûr il ignorait tout, papa avait entraîné sa brunette sous un olivier, lui suggérant de s'étendre sur le dos (il avait apporté une couverture pour la protéger des rugosités de la garrigue) afin qu'elle soit mieux en position d'admirer la façon dont, disait-il, les petits fruits allaient tout naturellement se détacher sous l'effet du mistral.

En digne petite-fille de cultivateurs du Berry, Blanche savait bien qu'Henri racontait n'importe quoi. Mais comme elle était d'une part folle amoureuse de lui, et d'autre part excellente comédienne, elle avait fait mine de le croire et, de l'air le plus ingénu du monde, s'était étendue sous l'olivier.

Aucune olive n'avait chu ; mais Blanche, elle, était tombée enceinte.

Ils s'en étaient grandement réjouis l'un et l'autre, et avaient décidé de se marier avant la naissance de l'enfant, ce qui était fort louable de la part de deux anciens bébés nés hors des liens du mariage.

Henri se demandait tout de même si le peu qu'il gagnait entre ses chroniques et ses cinéromans à la gloire du sport, et dont il fallait encore soustraire la pension qu'il versait à Hélène Rayé, allait suffire à les faire vivre, lui, sa jeune femme et leur enfant.

Blanche n'était pas dépensière, bien au contraire. Le baryton Abraham, qui pour être artiste n'en était pas moins un gestionnaire avisé, lui ayant appris non seulement à ne pas gaspiller l'argent mais à faire fructifier le peu qu'elle en avait.

Seulement, comme toute actrice, Blanche avait un rang à tenir. Elle devait se montrer aussi sûre d'elle à cheval que sur des patins, toutes choses qui ne s'enseignaient pas à moins de vingt francs de l'heure (soit le prix de deux romans de Paul Morand), il lui fallait pratiquer l'escarpolette et la brasse coulée, deux activités permettant de montrer ses jambes nues sans passer pour une gourgandine, mais qui supposaient un abonnement en piscine et la possession d'au moins deux arbres pour y accrocher l'escarpolette, s'initier aux danses nouvelles, fox-trot, shimmy, charleston et valse apache, et se faire appliquer des ondulations permanentes chez Eugène de Londres, qui heureusement officiait à Paris. À vingt-cinq ans, elle n'était pas encore obligée de porter des cuirs de chez Hermès ni des bijoux de chez Cartier, mais elle pouvait difficilement faire l'impasse sur au moins une petite robe de chez Poiret.

Et la vie coûtait d'autant plus cher qu'on la brûlait de jour comme de nuit, mélangeant café crème et soupe à l'oignon, trempant le croissant du matin dans le gin-fizz.

L'argent cascadait au rythme de l'inflation dont il est bien connu qu'elle peut, pour un temps, donner l'illusion de la prospérité.

Par chance (et le mot est à prendre ici dans toute son acception), Henri avait connu début mai une de ces aventures qui, bien exploitées, peuvent faire beaucoup pour la réputation de sacré veinard et les appointements d'un reporter.

Sa passion pour l'aviation lui avait valu d'être désigné pour couvrir la tentative de traversée aérienne de l'Atlantique nord par Charles Nungesser et François Coli.

Le dimanche 8 mai, il était parmi la petite foule tendue mais confiante qui, à 5 h 21 du

173

matin, avait applaudi l'envol de l'*Oiseau Blanc*, un décollage un peu laborieux, les roues avaient évité de peu le ruisseau en bout de terrain – finir sa course dans un ruisseau, le déshonneur suprême pour un avion partant défier l'océan –, mais cette lourdeur s'expliquait par le poids des quatre mille vingt-cinq litres d'essence dont on avait gavé l'avion. Nungesser avait même fini par sacrifier sa radio dont le poids aurait privé le biplan de quelques litres de carburant, et donc de quelques précieuses secondes d'autonomie qui pouvaient se révéler vitales.

Compte tenu des vents qui lui seraient favorables pendant le premier tiers de la traversée, le Levasseur PL8 devait atteindre New York après environ trente heures de vol.

À 6 h 04, le bel avion blanc avait été vu à la verticale d'Étretat, volant à deux cents mètres au-dessus des falaises.

Puis il s'était engagé sur la mer.

Henri connaissait trop bien Nungesser pour nourrir le moindre doute quant à sa réussite : pilote de chasse aux quarante-trois victoires homologuées, ancien boxeur, cavalier de rodéo et coureur motocycliste à travers la pampa argentine, recollé et recousu de partout, surnommé le Hussard de la Mort – son blason était d'ailleurs un crâne avec tibias entrecroisés, cercueil et cierges funéraires –, c'était un as dans tous les sens du terme. Et François Coli, son compagnon de vol, n'était pas moins bardé de records et d'exploits.

Aussi Henri n'avait-il pas prévu de rejoindre sa salle de rédaction avant le lendemain lundi en début d'après-midi. Il y serait largement à temps pour recevoir les premières dépêches d'Amérique annonçant l'atterrissage triomphal à New York. De toute façon, l'essentiel de son papier, qui occuperait toute la Une et se poursuivrait en pages intérieures, était déjà rédigé : Henri, pour qui les compétitions perdues l'étaient presque toujours par manque de préparation, avait largement décrit la mise au point du raid, non seulement les choix techniques qui n'avaient rien laissé au hasard, mais aussi l'entraînement physique et mental que s'était imposé l'équipage de l'*Oiseau Blanc*.

Il faisait enfin beau, les parfums que la saison froide avait tenus enfermés dans des appartements rances, entre des draps aigres et des plis de vêtements humides, profitaient de la soudaine tiédeur de l'air pour s'échapper en bulles légères : Paris pétillait d'odeurs florales, de chevelures à la violette, de rouges à lèvres à la framboise, de gants au jasmin.

Sous les arcades de la rue de Rivoli, Henri s'était glissé dans un de ces sillages délicieux – un sillage lilas, paraît-il.

L'inconnue qui laissait cette fragrance derrière elle trottinait avec la précipitation d'une femme très en retard et/ou très impatiente d'arriver. Dans les deux cas, ce genre de femme est en général inabordable, ce qui navrait Henri qui, ayant hâté le pas pour remonter à sa hauteur, venait de constater qu'elle était aussi adorable de profil que de dos.

C'est alors que la chance, dont il faut reconnaître qu'elle l'accompagna une grande partie de sa vie, sourit à papa : l'inconnue trop pressée se tordit le pied gauche, brisant net le talon de son soulier.

Elle s'écria que ah! mon Dieu, quelle malchance, un lundi tous les cordonniers sont fermés, peut-être qu'avec un point de colle ça tiendrait jusqu'à ce soir, seulement voilà, où trouver de la colle forte sous les arcades de la rue de Rivoli, ah! que je suis donc malheureuse!

Henri se garda bien de lui dire que le personnel de l'Hôtel Crillon tout proche aurait très certainement l'empressement, la compétence et le matériel nécessaires et suffisants pour la tirer

176

de ce mauvais pas. Il préféra jouer le tout pour le tout :

— Et si je vous offrais une nouvelle paire de souliers ? La rue du Faubourg Saint-Honoré est là tout de suite et je crois savoir qu'elle regorge d'excellents chausseurs.

— Il ne saurait en être question, se crispa-t-elle aussitôt. Pour qui me prenez-vous ?

— Pour une jolie femme condamnée à sautiller comme un moineau jusqu'à la réouverture des échoppes de cordonniers.

— Apprenez que j'ai chez moi, près du Trocadéro, un placard rempli de souliers. J'en ai pour toutes les saisons, pour tous les climats, et d'une façon générale pour toutes les circonstances de la vie.

— Pour toutes les circonstances, vraiment ?

— Même pour me débarrasser d'un importun en lui décochant un coup de pied là où vous savez.

Il n'avait pas le sentiment d'être cet importun. Il lui prit le bras. Elle tressaillit, mais ce fut là toute sa révolte.

— Je suis journaliste, j'écris un papier sur Nungesser et Coli, puis-je vous poser une question ?

— Je n'entends rien à l'aéronautique.

— Aussi continuerons-nous à parler de vos souliers. Imaginons que vous soyez à New

York, qu'on vous annonce que l'*Oiseau Blanc* va se poser, quel genre de souliers mettriez-vous pour courir sur le champ d'aviation à la rencontre des héros ? Répondez, cela fera un petit entrefilet charmant.

– Je ne veux pas que vous citiez mon nom.

– Vous ne me l'avez pas dit.

– Et je n'ai aucunement l'intention de vous le dire.

Elle marqua un temps minuscule.

– C'est Clotilde, dit-elle.

Ils tournèrent le dos au quartier où elle habitait et à celui où se trouvaient les bureaux du journal. Ils se dirigèrent vers un hôtel. Ce n'était pas l'Hôtel Crillon, mais, aux dires de papa, c'était tout de même un hôtel très bien, confortable, élégant, le lit, la salle de bains, tout était parfait.

Il y passa une merveilleuse journée avec Clotilde. Et ils s'apprêtaient à y passer aussi la nuit quand ils entendirent du remue-ménage dans la rue.

C'était le crieur du journal *La Presse* qui annonçait une édition spéciale consacrée à Nungesser et Coli.

Ils avaient réussi...

– Tous les détails du raid historique de l'*Oiseau Blanc*! Tout sur l'arrivée à New York!

braillait l'enfant dont la voix, à force, commençait à s'enrouer.

Il ne fallut que quelques secondes à Henri pour se rhabiller, dire à Clotilde de garder la chambre puisque aussi bien il l'avait réglée jusqu'au lendemain matin, acheter un exemplaire de *La Presse* et sauter dans un taxi pour se faire conduire à son propre journal.

Le véhicule peinait pour se frayer un chemin à travers la foule joyeuse, débridée, qui avait envahi les rues. Aux terrasses des cafés, on voyait des hommes grimper sur les tables comme s'ils voulaient être plus près du ciel pour lever leurs verres à la victoire des ailes françaises.

Abattu et sombre au milieu de cette liesse, Henri se faisait l'impression d'être un de ces condamnés à mort de la Révolution que la charrette du bourreau conduisait à l'échafaud sous les vivats de la populace.

Il se haïssait, se méprisait. Il avait saccagé sa carrière de journaliste. Un formidable exploit humain et sportif venait d'être accompli, et lui qui n'avait que ces mots-là à la bouche et sous la plume : héros, crack, vainqueur, record, champion, lauriers, performance, lui qui aimait tellement l'aviation qu'il compensait son manque d'avion par des rêves où il lui suffisait d'étendre les bras pour voler, et il passait ainsi des nuits entières à planer en songe au-dessus de la ville, à suivre les méandres de la Seine, Riton le Triton devenu Riton le Poisson Volant, lui sur qui son journal avait compté pour trouver des mots à la fois justes et flamboyants pour raconter le vol de ces deux anges, des anges français de surcroît – eh bien! il avait déserté...

Et déserté pourquoi? Au nom de l'amour? Même pas : la femme qu'il aimait, c'était Blanche – Clotilde, c'était juste pour le plaisir de la chasse.

– Vous qui avez l'air d'être dans le secret des dieux, dit le chauffeur, c'est-y pas épatant ce qu'ils ont fait, ces deux-là?

– Épatant, répéta mollement Henri. Au fait, vous m'arrêterez un peu avant le journal, je finirai à pied, ça me fera respirer.

C'était surtout qu'il n'était pas pressé d'affronter le bain de honte qu'il allait se prendre, inévitable. Lui revint en mémoire l'image atroce de Dreyfus devant le front des troupes, marchant vers l'officier qui allait procéder à sa dégradation. Même si le silence consterné du patron, les regards en coin des copains et les reniflements des dactylos n'atteignaient pas au même niveau d'humiliation que le petit bruit terrible des parements d'uniforme tombant dans la poussière d'une École militaire, ça allait être le genre d'accueil qu'on n'oublie jamais, qu'on traîne toute sa vie comme un matricule de forçat.

Or ils lui assenèrent des claques dans le dos à presque l'assommer, des coups de coude dans les flancs, lui boxèrent le gras du bras, firent voler leurs chapeaux autour de lui – et les dactylos l'embrassaient :

– Bien joué, Henri, on s'est d'abord demandé ce que tu foutais, on a imaginé des trucs moches, que tu avais pu avoir un accident, ça devient presque aussi périlleux de traverser la rue que l'Atlantique nord, et puis on a obtenu la liaison avec New York. Ciel désespérément vide, là-bas. Alors on a compris. Toi, au moins, tu ne t'étais pas laissé avoir. On s'est tous mis au balcon et on s'est marrés en regardant galoper les petits crieurs de *La Presse* : Édition spéciale, qu'ils s'époumonaient, Nungesser et Coli à New York !...

– On sait où ils sont ? interrogea-t-il d'une voix blanche.

Il avait failli préciser : où ils sont *tombés* ? Il s'était retenu, il y avait encore un espoir, infime sans doute, mais qu'Henri, bouleversé, ne voulait surtout pas tuer en prononçant des mots définitifs, que l'*Oiseau Blanc*, à court d'essence, ait fait un atterrissage forcé quelque part sur la côte américaine.[19]

Après avoir laissé les coordonnées de plusieurs bars – car il passerait la nuit à s'étourdir – où il faudrait le chercher si on avait des nouvelles, Henri erra dans Paris.

La liesse était retombée, faisant place à la colère. À présent, les gens savaient. Le mensonge des journalistes leur faisant offense, et ils avaient raison. Place de la Concorde, non loin des arcades où Henri avait suivi cette odeur de lilas que répandait Clotilde dans son sillage, la foule avait organisé une sorte d'autodafé géant pour brûler tous les exemplaires de l'édition trompeuse qu'on avait pu rassembler.

Henri déclara n'avoir fait que son métier en ne suivant pas l'exemple de journalistes qui, se fiant à une dépêche qu'ils n'avaient pas vérifiée tellement ils étaient pressés de griller la concur-

19. Une enquête menée en 1980 fait état d'un rapport de l'US Air Force selon lequel, à l'époque du raid, un pilote aurait aperçu une masse blanche pouvant être celle d'une épave d'avion dans une forêt de l'État du Maine, au nord-est de New York. D'autres témoignages rendent de plus en plus recevable l'hypothèse selon laquelle Nungesser et Coli auraient réussi à traverser l'Atlantique, puis, déportés par une dépression et à court d'essence, se seraient crashés dans une zone inhabitée. Quelques jours plus tard, le 20 mai, Charles Lindbergh décollait de Roosevelt Field (Long Island) et atteignait Paris après un vol de trente-trois heures et trente minutes.

rence, s'étaient déshonorés en publiant de fausses nouvelles.

Il ne méritait pas, ajouta-t-il, l'accueil enthousiaste que lui avaient réservé ses confrères de la rédaction. Il espérait que c'était juste parce qu'ils avaient eu peur qu'il lui soit arrivé quelque chose. En tout cas, il se sentirait si gêné qu'on songe à lui accorder une prime qu'il préférait la refuser d'avance. On s'empressa de le rassurer : aucun patron de presse n'était assez fou pour donner une augmentation à un journaliste qui ne la réclamait pas expressément en faisant la grève de la faim ou en menaçant de poser une bombe dans le bureau du rédacteur en chef.

Sur quoi les choses reprirent leur cours tranquille, sauf pour le journal *La Presse* que l'affaire Nungesser et Coli conduisit rapidement à la faillite.

Henri ne revit jamais Clotilde et épousa Blanche Montel en octobre 1927.

Le mariage eut lieu à Saint-Cloud où le couple, en partie grâce aux cachets de comédienne que Blanche avait placés avec autant de prudence que de pertinence, s'était offert une jolie villa dans le parc de Montretout.

Au fil des mois, le ventre de Blanche s'arrondit d'une façon qui faisait dire à Henri que ce serait un garçon. Il n'était pas plus compétent à propos du ventre des femmes enceintes que de la culture des olives, mais il avait vu juste : son premier enfant vint au monde le 11 mai 1928, c'était un fils, on le prénomma Jacques.

Henri se maria quatre fois, ce qui peut donner à penser qu'il n'était pas doué pour la vie conjugale – encore qu'il ait été heureux avec chacune de ses quatre femmes. Mais, incontestablement, il était fait pour avoir des enfants et des chats.

Ces derniers l'adoraient. Il avait une façon particulière de les poser à califourchon sur son avant-bras, en figure de proue; après quoi, il les promenait longuement à travers l'appartement en leur murmurant des histoires qui devaient être enchanteresses pour un chat à en juger par les ronrons qu'émettaient les petites créatures.

Il procédait de même avec les enfants, du moins tant que ceux-ci restaient dans les limites raisonnables du poids et des dimensions d'un chat. Lorsque l'enfant grandissait et que l'avant-bras paternel n'était plus assez fort pour lui servir de perchoir, Henri le juchait sur ses épaules, et avec lui courait vers la mer, sautillait dans la neige comme un grand yeti fou, fendait les champs d'avoine, les fougères de la forêt.

Il n'aimait rien tant que déménager ses petits, nous faire voir du pays :

– Pas d'école aujourd'hui, tout le monde à Orly, avion à quinze heures, ce soir je vous emmène dîner à Rome, piazza Augusto, les *fettuccine* d'Alfredo, probablement les meilleures pâtes qui soient au monde, vous les mangerez avec une fourchette en or comme celle que Douglas Fairbanks et Mary Pickford avaient offerte au vieil Alfredo, ce génie, ce bienfaiteur de l'humanité, retour Paris demain matin.

Attitude de chatte, ça, balader ses gosses – et se lécher les babines, donc !

Il arrivait que ce soit lui le félin, le circonspect, l'indéchiffrable, l'inaccessible. Redevenant chat haret qu'on n'apprivoise pas, ne caresse pas. Ce n'est pas qu'il sortait les griffes ou montrait les crocs, mais il se dérobait, il n'aimait pas les embrassades, les becquetages, les mignardises. Sauf avec les femmes, bien sûr, brunes de préférence.

Cependant Henri était plus tendre que la plupart des hommes. Mais sa tendresse était une peau retournée, la fourrure douce et chaude à l'intérieur.

Cette tendresse avait son langage, si particulier qu'il n'était intelligible que pour un cercle extrêmement restreint d'initiés, ce qui provoquait parfois des malentendus générateurs de brouilles énormes.

Ainsi le mot imbécile que tout le monde croyait connaître et qui, dans la bouche d'Henri, avait au moins trois significations, à l'instar de ces mots chinois dont une simple nuance dans la prononciation change le sens du tout au tout.

Énoncé avec le phrasé d'un Louis Jouvet, en allongeant démesurément l'avant-dernière syllabe, imbé-*ciiiii*-le devenait le plus chaleureux, le plus amical, le plus adorable des compliments, voire le plus doux des mots d'amour. Les femmes de la vie d'Henri n'aimaient rien tant que de se faire, par lui, traiter d'imbéciles.

Mais si mon père appuyait sur la première syllabe, *im*-bécile, alors la cause était entendue : il s'adressait à un con. Et pour peu qu'il fasse porter l'accent tonique sur la deuxième syllabe, im-*bé*-cile, la situation s'aggravait : le con était alors un mauvais con, un con délétère, viral et toxique.

Blanche Montel ne lui avait pas seulement fait découvrir le doux inconfort des théâtres – arrivée sous la pluie, cohue autour de la boîte à sel, du vestiaire, fauteuils farcis de ressorts, champagne de l'entracte, médiocre, tiédasse, ruineux, odeur de vieille école des coulisses, urinoirs trop proches, voix éraillées, maquillages craquelés, visages boursouflés d'alcool, de sommeil inassouvi, d'amertume, vantardises et souliers troués, enfin tout ce que Colette avait décrit dans *L'Envers du music-hall* et *La Vagabonde*, papa en savait par cœur des pages entières –, elle avait aussi introduit Henri dans des salles aux fauteuils drapés de housses blanches, on y répétait la prochaine pièce, acteurs papillonnant autour d'une unique ampoule électrique fichée sur une hampe en fer, grosses noctuelles poudrées de la grisaille des jours et qui puaient le chou, le canal et le vin. Blanche le présentait à des directeurs de théâtres, des auteurs, des metteurs en scène : Henri Decoin, mon mari – ne manquant pas de préciser que c'était Henri avec un *i*, histoire de se démarquer d'Hélène Gabrielle Rayé pour qui c'était plutôt Henry avec un *y*.

Le 13 janvier 1931, au théâtre des Escholiers, devant un parterre composé à parts égales d'amis de Blanche (artistes portant beau le smoking signé Knize ou la robe du soir de chez Paquin, Chanel, Madeleine Vionnet ou Schiaparelli) et de copains d'Henri (athlètes de toutes les disciplines sportives, qui avaient eux aussi sacrifié au rituel du smoking, sauf qu'on entendait parfois le petit pétillement sec d'un bouton de plastron giclant sous la poussée d'une musculature impossible à brider), le rideau se leva sur *Hector*, premier véritable opus théâtral d'Henri Decoin – la version scénique du *Roi de la Pédale* n'ayant été qu'un «produit dérivé».

Cet Hector, modeste ouvreur dans un théâtre, ressemblait étrangement à Henri : même âge, même passé d'ancien combattant qui ne trouve plus ses marques, même attirance pour le Paris nuiteux des trottoirs flaqués de pluie, des carrefours qui ne donnent nulle part, des escaliers qui se perdent dans des ciels de rabat-jour, ce Paris sur zinc et bitume que Brassaï commençait tout juste à photographier et Simenon à décrire – et puis, même imprudence à suivre la trace de la première inconnue qui passe, une certaine Claire dans la pièce, jouée par Blanche Montel, mais qui n'était pas sans rapport avec la Clotilde du soir de l'*Oiseau Blanc*.

Le succès d'*Hector* – la pièce se joua toute une saison, fut reprise l'année suivante à l'*Apollo*, montée en Suisse puis en Italie – obligeait Blanche à laisser tous les soirs son fils Jacques, qui avait alors à peine trois ans, dans la maison de Saint-Cloud. Sous la surveillance vigilante de Fernande ou d'Henri, c'est vrai, mais Blanche n'en pensait pas moins que le rôle de Claire ne valait pas celui de mère.

Blanche aimait le monde du spectacle, du spectacle vivant surtout, mais sans doute

188

n'avait-elle pas une profonde vocation de comédienne. Elle se donnait à son métier avec une totale conscience professionnelle – mais justement : c'était un métier, pas une passion.

Alors, après avoir joué Sacha Guitry, Noel Coward, Paul Géraldy (*Ce soir je t'aime trop pour te parler d'amour. / Serre-moi contre ta poitrine. / Je voudrais que ce soit mon tour d'être celui que l'on câline. / Baisse encore un peu l'abat-jour. / Là. Ne parlons plus. Soyons sages. / Et ne bougeons pas. C'est si bon / tes mains tièdes sur mon visage...* – oui, c'est si bon, Géraldy, c'est si simple, c'est tellement Henri et Blanche de ce temps-là), elle quitta la scène, les studios, un dernier film avec Henri, *L'Homme de Londres* en 43, puis elle renonça à servir la comédie pour servir les comédiens, fut agent artistique, imprésario des plus grands, heureuse près de son fils, son Jacques, et, quand celui-ci mourut, Blanche ne lui survécut pas même le temps d'un mois lunaire, elle avait quatre-vingt-dix ans – enfin, comme seule une petite fille peut avoir quatre-vingt-dix ans.

Si Henri doit à Blanche son engouement pour le théâtre (cinq pièces et une opérette en moins de dix ans, et rien que des succès), son fils Jacques, encore au berceau, lui inspira un livre frais et un brin farfelu, à la fois sa contribution à l'art d'être papa et l'expression enthousiaste de sa profession de foi sportive.

Ça s'appelait *Culture Physique des Enfants*[20], avec plein de croquis montrant un garçonnet qui devait être Henri à six ans (je suis sûr d'avoir reconnu son regard chinois) et une fillette ressemblant à Blanche au même âge. Ces trente-deux pages contenant peut-être, en tout cas je veux y croire, les seules images existantes – vision d'artiste, comme on dit – de mon père enfant.

« Nudité est synonyme de santé, y écrivait Henri en introduction, ajoutant que vivre nu le plus longtemps possible, c'est-à-dire jusqu'à un âge où la morale de notre civilisation ne peut en être choquée, est une merveilleuse hygiène. [...] Père et mère, avant toute chose, doivent considérer leur progéniture comme un petit animal, un petit animal racé, c'est entendu, mais un animal, ni plus ni moins. [...] À l'enfant, il faut tout d'abord air et soleil, pas air et soleil au travers de vêtements, mais directement sur la peau, c'est-à-dire sur le corps totalement nu : le mot gymnastique vient du grec *gumnos*, qui signifie nu. »

20. S. Bornemann éditeur, Paris, 1929.

Et de faire appel au témoignage d'Hippocrate qui, affirmait Henri avec le plus grand sérieux, avait démontré l'importance vitale de l'air en rappelant qu'un homme pouvait survivre quelques jours sans s'alimenter, mais qu'il mourait presque instantanément s'il cessait de respirer...

Au nom d'un engagement naturiste que je ne lui ai pourtant jamais connu, papa prêchait sa croisade anti-fringues même aux adultes : «... le vêtement nous atrophie, il n'est que de rentrer de vacances pour constater dans l'instant même combien tous ces vêtements, ces sous-vêtements, ces cols, ces bretelles, ces chaussures, nous martyrisent, nous étouffent, nous intoxiquent ! »

Pour le bambin entre trois et cinq ans, il préconisait l'organisation hebdomadaire de véritables bébé-olympiades, avec épreuves de lancer du poids (des cailloux de cent grammes environ), de grimper de mur (il suggérait de creuser un fossé d'environ un mètre de profondeur d'où l'enfant devrait s'extraire), de saut en longueur sur une petite piste de sable (sans élan, mais en travaillant déjà le style de l'athlète miniature), de gymnastique au sol, de tennis lilliputien (avec lignes de jeu à l'échelle, mini-filet et mini-raquettes, pour des parties n'excédant pas cinq minutes), de saut à la corde (mettant les filles en garde contre la violence de cet exercice pour leur petit cœur : quinze à vingt tours de corde, mes petiotes, surtout pas davantage!), et par-dessus tout de jeux nautiques, «les plus sains, les plus efficaces, les plus nécessaires, [car] ne pas imposer la natation c'était comme décréter que boire et manger n'étaient pas nécessaires».

En avance de plusieurs décennies sur la mode des bébés nageurs, il encourageait donc les parents à plonger leur progéniture dans l'eau le plus tôt possible : «On vient au monde en sachant nager, assurait-il. Prétendre qu'on apprend à nager à quelqu'un est faux (il en savait quelque chose!...). Ce qu'on lui apprend, à ce quelqu'un, c'est à ne pas avoir peur. On ne sait pas nager uniquement parce qu'on a peur de l'eau; mais dès que l'appréhension a disparu, on sait nager.»

Champion de natation, capitaine d'une équipe de France olympique, chroniqueur et romancier sportif, passionné de boxe et de cyclisme, pilier d'aérodromes et d'autodromes, et auteur de l'ouvrage précité qu'il qualifiait lui-même de «bréviaire physique de l'enfant», papa aurait dû faire de Jacques, puis plus tardivement de Risou et moi, sinon des athlètes accomplis, du moins des sportifs amateurs et distingués.

Ce ne fut pas vraiment le cas : nous avons été tous trois – chacun à sa façon, bien sûr – plus proches du *Penseur* de Rodin que du *Discobole* de Myron.

Mais il est vrai que Jacques n'avait pas encore touché ses trois ans et que ni ma sœur ni moi n'étions en route pour la vie (il s'en fallait de quinze ans), lorsque papa, subitement, avait apostasié.

Enfin non, j'exagère un peu, il n'abjura pas tout à fait, ne renia pas sa foi dans «le sport, religion nouvelle qui possède, elle aussi, ses autels, ses martyrs et ses saints, [car] le sport est nécessaire à la vie, il est Dieu»[21]...

Mais c'est un fait que, presque du jour au lendemain, il tourna le dos aux cendrées des stades, aux pistes des vélodromes, aux tapis des rings, au chiendent des terrains d'aviation et à la poussière de la longue route du Tour, pour rejoindre les nouveaux zélotes qui célébraient le culte du cinéma – lequel enfin s'exprimait comme vous et moi, un brin plus nasillard peut-être, mais avec quelle maîtrise des imparfaits du subjonctif ! – dans ces cathédrales éclaboussées de lumière dont le nom, à la fois grave et léger, venait du latin *studium* pour étude (ceci pour le sérieux), et de l'italien *studio* désignant l'atelier

21. *Le sport, Monsieur...*, Éd. Henry Goulet, (1924).

d'un artiste (cela pour l'insouciance, presque la frivolité).

Mais au fond, faire du cinéma, n'était-ce pas encore et toujours faire du sport – un sport de combat, d'endurance, de vitesse, où à chaque tour de manivelle il fallait en donner davantage à un public impitoyable qu'on estimait alors à trois cents millions de spectateurs par semaine ?

– Un truc imbéciiiiile, disait Henri avec l'accent Jouvet, l'accent de l'amour.

10

1933, Berlin, extérieur/jour. Plan général. Lumière acide – toujours un peu pomme verte, la lumière à Berlin, plus encore au petit matin, ce qui est justement le cas, il est à peine six heures, Henri s'est levé à cinq, douche, café, cigarette, chemise fraîche, il a rejoint la Mercedes noire de la UFA (*Universum Film Aktien Geselschaft*) dans Kurfürstendamm, il aurait pu prendre la rame de banlieue qui relie Berlin à Neuebabelsberg, mais il apprécie ce confort, ce privilège de la belle limousine allemande, et il aime ces vingt et quelques kilomètres de route plate et douce, cette glisse de travelling bien huilé à travers les bois de Wannsee.

Une biche s'est approchée de la lisière de la forêt. Une biche et son faon, qui regardent passer la Mercedes.

Blanche et Jacques, pense Henri.

Qu'est-ce qu'il foutait là, mon père ?

Très simple : le cinéma avait pris la parole – et ne la lâcherait plus, n'en déplaise à Léon Brézillon, président du syndicat des directeurs de salles, qui se disait certain que tout ça ne serait qu'un feu de paille et qui « souhaitait sincèrement que l'on revienne le plus tôt possible au film muet qui est la véritable raison d'être du cinéma »[22].

Mais le cinéma ne parlait – comme Henri – que sa langue maternelle. Le doublage, qui existait sur le papier, était sans doute une solution d'avenir, mais il posait encore des problèmes techniques qu'on ne savait pas résoudre ; quant au sous-titrage, les spectateurs le récusaient au prétexte que l'un des avantages du parlant était justement de permettre au cinéma de couper le dernier tronçon de cordon ombilical qui le rattachait au monde de l'écrit, et de devenir ainsi un art autonome. Alors, on avait imaginé de tourner, de re-tourner et de re-re-tourner les films dans autant de langues qu'il existait de pays désireux de les projeter.

C'est ainsi que l'on tournait simultanément le clone anglais d'un film hongrois, la transcription

22. À sa décharge, précisons que l'arrivée du parlant obligeait les exploitants qu'il représentait à engager des investissements souvent importants pour rendre leurs « théâtres cinématographiques » compatibles avec le nouveau procédé.

russe d'une production américaine, l'adaptation française d'une œuvre allemande, etc. Scénario, décors, costumes, éclairages, musique, tout était rigoureusement semblable à la version du pays de création. Seuls différaient la langue, les acteurs, et le réalisateur « associé » qui avait mission de reproduire la mise en scène originale.

Deux ans plus tôt, Henri avait profité du plateau, de quelques techniciens et de l'une des vedettes (le comique Jim Gérald) du film de Carmine Gallone, *Le Chant du marin*, dont il avait assuré le scénario et les dialogues, pour réaliser un premier court métrage : *À bas les hommes* racontait comment une épouse maltraitée payait un costaud pour rosser son mari, et comment celui-ci, après avoir massacré ledit costaud, en était puni par une séance de chatouilles (!) que lui infligeait un maigrichon. Après quoi, chatouilleur et chatouillé s'éloignaient bras dessus bras dessous, non sans avoir généreusement étrillé l'épouse.

Les (rares) cinéphiles à avoir eu connaissance de cette œuvrette se sont demandé où diable mon père était allé chercher une histoire pareille, qui d'évidence, et je le confirme, n'avait rien d'autobiographique. La réponse est que le cinéma étant devenu sonore, Henri estimait que le public payait pour voir – ou plutôt pour entendre – des films qui fassent vraiment du bruit ; et après avoir étudié plusieurs options de raffuts, vacarmes et autres boucans, et compte tenu du budget limité dont il disposait, il en était arrivé à la conclusion que rien ne serait plus «sonogénique» que le rire hystérique d'une personne chatouillée et les ululements d'une femme au bord de la crise de nerfs.

Le tournage n'avait duré que deux jours, mais c'était assez pour qu'Henri comprenne que faire un film était infiniment plus complexe qu'il ne se l'était figuré.

Mais comprendre n'était qu'une première étape – pour aller plus loin, il lui fallait apprendre.

L'Idhec[23] n'existant pas encore, et l'encyclopédie achetée chez les pêcheurs de lune de Saint-Ouen ne faisant pas la moindre allusion aux métiers du cinéma, Henri avait retrouvé ses réflexes d'autodidacte : comme pour la fourrure, la natation, la boxe et le journalisme, il apprendrait sur le tas en observant le travail des autres, en le décortiquant et en y mettant les mains.

Justement, la UFA cherchait un directeur de version française assez humble et docile pour mettre scrupuleusement ses pas dans ceux d'un

23. Institut des hautes études cinématographiques, l'école de référence pour les métiers du cinéma, devenue aujourd'hui la Femis.

confrère viennois, Rudolf Katscher, qui s'apprê-
tait à tourner *Les Requins du pétrole*, une histoire
de chevalier blanc affrontant une redoutable
organisation d'escrocs.

Exactement le genre de « collaboration éduca-
tive » dont rêvait Henri.

D'autant qu'il y avait deux cerises sur le
gâteau : la présence, dans le casting de la version
française, de Peter Lorre devenu superstar après
son rôle dans *M le Maudit*, et celle d'une jeune
et ravissante comédienne, Arlette Marchal, qui
avait une façon irrésistible de mettre toute la
candeur du monde dans ses yeux clairs, de passer sur ses lèvres un bout de langue d'un rose
fondant, et de soupirer que *non, vraiment, les
hommes ne se rendent pas compte, mais ça n'est
pas drôle tous les jours d'être une vamp...*

Et voilà pourquoi, ce matin-là dans la forêt
de Wannsee, en admirant la jolie biche et son
faon, Henri s'efforçait de penser à Blanche et à
Jacques – et rien qu'à Blanche et à Jacques.

Mais la profession de cinéaste est ainsi faite
qu'il allait devoir passer toute une longue journée près d'Arlette Marchal, une merveilleuse et
forcément dangereuse journée qui se répéterait
souvent au cours des huit à dix semaines du
tournage.

Si l'état de vamp était difficile à assumer pour la petite Marchal, il n'était pas non plus tellement facile pour Henri de la diriger avec tout le détachement professionnel requis. Fallait-il lui prendre le menton (lequel n'est jamais très loin de la bouche) pour orienter son visage vers la lumière, la saisir par la taille pour la lancer à l'instant idoine vers la caméra, effleurer son dos nu pour indiquer au directeur de la photo l'endroit précis où le faisceau du sunlight devait se poser avec une légèreté de papillon tiède, s'approcher au plus près de ses lèvres pour vérifier – avec les coups de marteau de la déco, on ne s'entend plus sur ce plateau ! – qu'elle avait trouvé l'intonation juste pour susurrer sa réplique ?

Sans compter qu'une fois la journée de travail terminée (rarement avant minuit), Henri était bien obligé, s'il voulait garder toute son emprise sur la juvénile vampette, d'emmener celle-ci souper au *Kloster Keller* de Potsdam ou au *Ciro's*, le cabaret à la mode du tout-cinéma berlinois, et là, boire avec elle, boire à ses yeux, boire à sa bouche...

Le climat, pourtant, n'était pas à la gaudriole. Par un de ces matins couleur de pomme, Henri avait trouvé, « oublié » comme par hasard sur les coussins de la Mercedes, un exemplaire du *Der*

Stürmer, la publication antisémite de Julius Streicher[24], avec son étalage de caricatures montrant des Juifs à gros ventres, regards jaloux, longs nez, bouches baveuses, cheveux sales et mains griffues.

Du bout des doigts, comme on éloigne de soi une chose répugnante qu'on ne veut pas toucher, Henri avait repoussé le journal jusqu'à ce qu'il tombe sur le plancher du véhicule.

Ça n'avait fait qu'un tout petit bruit, cette chute. Probablement inaudible, masquée par le feulement du moteur en fond sonore. Mais le chauffeur devait guetter Henri dans le rétroviseur, surveiller ses moindres gestes, car il avait alors arrêté la Mercedes, coupé le contact, il était descendu, avait ouvert la portière arrière, s'était penché pour ramasser le journal, avait ostensiblement reposé celui-ci sur la banquette de velours gris, et, en regardant Henri droit dans les yeux, il avait dit seulement : *Je vous prie de m'excuser, Herr Direktor*, comme si c'était à la suite d'une manœuvre trop brusque de sa part que le journal avait glissé, comme s'il lui était impossible d'envisager que le *Der Stürmer* était tombé parce que le *Herr Direktor* français n'en voulait pas à côté de lui.

24. Traduit devant le tribunal de Nuremberg et condamné à mort pour crimes contre l'humanité, Streicher fut pendu le 16 octobre 1946.

Henri avait pensé que si la même scène devait se répéter plus tard – dans quelques mois ? quelques années ? –, le chauffeur arrêterait la voiture comme aujourd'hui, la contournerait, ouvrirait la portière, se pencherait pour ramasser le journal, mais cette fois il ne s'excuserait pas, ne reposerait pas tout de suite *Der Stürmer* sur la banquette, s'en servirait d'abord pour souffleter Henri, flac sur une joue, flac sur l'autre, et si Henri réagissait, ce qui était plus que sûr et certain quand on connaissait papa, alors il se passerait quelque chose de violent, et sans doute d'irréparable pour l'un ou l'autre des protagonistes, sur cette route entre Berlin et Neuebabelsberg, à l'ombre de la forêt de Wannsee au-dessus de laquelle volaient des cygnes sauvages.

À intervalles réguliers, les tournages et toutes activités annexes s'y rattachant (ateliers de construction, cantines, bureaux littéraires, magasins de costumes, garages, etc.) étaient suspendus pour permettre aux travailleurs des studios de se rassembler sur un plateau où était installé un haut-parleur encadré d'un faisceau de drapeaux nazis – et de quelques représentants musclés du parti du même nom – afin d'écouter un discours du nouveau chancelier.

On appréciait, en professionnels de la décla-
mation, le ton véhément, les martèlements, les
gueulements, vociférations et autres clabaudages
d'Hitler : c'était le client dont rêvaient tous les
ingénieurs du son.

Le romancier et cinéaste André Beucler a très
justement décrit, dans un reportage sur la UFA
publié dans la *Revue de Paris* à une époque où
lui-même adaptait et réalisait des versions françaises[25], ce qu'était l'atmosphère des studios de
Babelsberg quand y tonitruait la voix d'Hitler :
« La parole du chef [...] est sans pouvoir réel sur
un auditoire depuis longtemps séduit par le rêve
cinématographique, charmé par les acteurs, et
pour qui les perfections sociales ne sauraient
être comparées aux perfections techniques. [...]
la cérémonie trahit plus d'entraînement que de
conviction, ce qui fit dire à un charmant acteur
berlinois, d'ailleurs nazi, à côté de qui je me
tenais debout au cours d'une de ces manifestations : "C'est encore du cinéma !" »

Ça n'en sera pas longtemps.

Mais pour l'heure, malgré les guirlandes, les
fanions, les svastikas que certains arboraient à
la boutonnière (ça se remarquait surtout au
revers des blouses blanches d'infirmières dont

---

25. IF1 *ne répond plus*, *Adieu les beaux jours*, etc. Inscrit sur
la liste des « intellectuels indésirables » dressée par Otto Abetz,
André Beucler dut quitter précipitamment l'Allemagne.

les *fraulein* maquilleuses, monteuses ou canti-
nières de Babelsberg avaient fait leur uniforme),
et, plus inquiétant, malgré les miliciens qui
commençaient à noyauter les secteurs clés de la
production et de l'administration, la vague nazie
n'avait pas encore *vraiment* déferlé derrière les
briques roses des studios.

Neuebabelsberg était comme ces villas d'été
que l'on ne se décide pas à fermer en fin de saison, où l'on continue de vouloir danser le soir
sur la terrasse malgré la nuit plus prompte, la
pluie plus froide et plus cinglante...

«Celui qui a passé quelques années dans un
studio, rappelait Beucler, ne croit plus ni aux
armements, ni aux rivalités, ni à l'impérialisme;
il croit à l'éternité du film, à la valeur des
contrats, à la suprématie du cinéma.»

Et de préciser que «le nazi le plus réussi, le
plus constellé et le plus résolu, perd de son
importance s'il mange à la même table qu'un
mousquetaire»...

De toute façon, on ne demandait rien d'autre
aux Français – qui étaient tout de même près
d'un demi-millier chaque année à partager les
charmes et l'efficacité des studios brandebour-
geois avec leurs homologues allemands – que de
célébrer le culte de la fiction en évitant surtout
de s'intéresser à la réalité du IIIe Reich.

Comme il se l'était promis, Henri apprit beaucoup en dirigeant *Les Requins du pétrole*. Non seulement sur le plateau de Rudolf Katscher, mais dans les coulisses de l'immense studio.

S'il entraîna quelquefois Arlette Marchal dans les labyrinthes soyeux du département des costumes (pour y être seuls au monde, il suffisait de profiter d'un moment où Hitler était occupé à brailler dans son haut-parleur), ce n'était pas pour la seule sensation de dénuder une adorable fille dans un nid géant constitué de dizaines de milliers de robes de toutes les somptuosités, de tous les satins, velours, organdis (oh! il adorait les organdis, Henri), mousselines, indiennes, percales, étamines, armoises et cachemires – c'était aussi pour découvrir chaque rouage de la machine prodigieuse qui fabriquait ce mélange d'ombres, de lumière et d'émotions : le cinéma auquel, à présent c'était du sûr et du certain, il voulait consacrer la seconde partie de sa vie.

Il avait quarante-trois ans, il envisageait de vivre encore autant et de faire le même nombre de films qu'il lui restait d'années.

En fait, il vécut six ans de moins que prévu, mais réalisa dix films de plus que le nombre fixé.

Plus un, le tout dernier.

Que ses filmographies ne comptabilisent pas au prétexte qu'il ne l'a pas tourné. C'est vrai, mais pour moi il existe autant que les autres. Peut-être même davantage. Comme ces bébés qui ratent leur mise au monde, et auxquels on a pourtant eu le temps de donner un nom.

Et ce film en avait un, de nom : *Les Mauvaises Fréquentations* d'après le roman de Louis C. Thomas, auteur aveugle.

Aveugle, papa ne l'était pas : il avait prévu qu'on ferait le film ensemble, lui et moi, parce qu'il savait qu'il n'avait plus la force de diriger un tournage. Ce n'était plus seulement le cœur, cette fois le cancer s'en était mêlé. Mais on allait quand même faire ce film à deux, un film sur la jeunesse.

Il n'avait pas acheté les droits du livre, pas même pris une option, il n'avait pas non plus de producteur, à son âge et dans son état c'est vrai qu'il avait peu de chances d'en trouver un, il n'avait encore rien décidé pour le casting, au fond il n'avait que moi pour l'aider à rêver ce film, et moi je n'avais que lui pour me faire oublier qu'il allait mourir, on se mentait donc l'un à l'autre aussi fort qu'on s'aimait, on partait en repérages, c'était l'automne, je me souviens de l'odeur de tabac anglais des feuilles mortes, de ses mocassins de daim shootant dans les bogues de marrons sur le trottoir, je revois une rue à Versailles, il voulait tourner à Versailles, quand il se sentirait trop fatigué, disait-il, il irait

m'attendre au *Chien qui fume*, il aimait beaucoup le *Chien qui fume*, il nous y emmenait
quelquefois dîner, Risou et moi, quand on était
petits, un dimanche soir au *Chien qui fume* il
avait été pris d'un fou rire homérique – et voilà
que je ne sais même plus pourquoi, je le revois
simplement en train de rire, la tête renversée,
très beau.

Pour respecter son planning – quarante-trois
ans à vivre et quarante-trois films à tourner,
sans compter le nombre de femmes qu'il savait
d'avance ne pas pouvoir s'empêcher d'aimer –,
il allait devoir mettre les bouchées doubles, et
tout de suite, tant qu'il tenait la grande forme.

En 1933, après *Les Requins du pétrole*, Henri
partit pour l'Italie, qui se mettait elle aussi aux
doubles versions, diriger le tournage français de
Je vous aimerai toujours de Mario Camerini,
puis il revint à Paris assister aux premières
représentations de la nouvelle pièce qu'il avait
écrite pour Blanche Montel : *Le Téméraire*, du
nom d'un journal dont l'atmosphère frénétique
ajoutait au rythme déjà endiablé de la comédie.

Alors, comme s'ils avaient deviné que cette
année 1933 serait la dernière de leur vie de
couple, Henri et Blanche s'offrirent l'un à
l'autre le plus beau des cadeaux de rupture : un
film vraiment à eux, Henri en assurant seul

207

l'écriture et la réalisation, Blanche interprétant le rôle féminin et prenant une part personnelle et non négligeable au financement.

L'argument des *Bleus du Ciel* avait la légèreté des nuages de beau temps au milieu desquels se déroulait une partie du film : Jean-Pierre (Albert Préjean, un des monstres sacrés de l'époque) était follement amoureux de Jeannette (jouée par Blanche), une jeune aviatrice qui alignait record sur record. Mais le malheureux n'osait pas lui avouer son amour, parce qu'il lui avait déjà confié son rêve de devenir pilote et qu'elle s'était moquée de lui. Jean-Pierre s'efforçait malgré tout d'apprendre à piloter pour prouver à Jeannette qu'il n'était pas si nul. Pourtant si, il était nul, nul au point de se crasher, sans se tuer mais en transformant en bois d'allumettes le bel avion blanc de sa chère Jeannette. Laquelle, bien sûr, lui pardonnait. Musique, mot fin et ciel pommelé.

Sur le terrain de Toussus-le-Noble où on avait mis à sa disposition toute une flottille d'avions qui, pour être des civils aux parures d'un goût parfois douteux (l'un d'eux, vert salade cuite mal digérée, avait reçu le surnom de « nausée volante »), n'en étaient pas moins de merveilleux oiseaux comparés aux cages à poules qu'il avait lancées à l'assaut des *drachen*,

Henri n'était pas loin de connaître le bonheur parfait : entre Blanche qui était plus charmante que jamais en combinaison de vol et serre-tête d'aviatrice, entre ces avions dont il ne se lassait pas de respirer l'odeur d'essence, d'huile chaude, de peinture fraîche et de grosses herbes vertes qui s'accrochaient aux roues, et cette joyeuse bande de techniciens prêts à tout pour l'aider à réussir son film, il retrouvait ce «plaisir d'ensemble», cet entrain, cette complicité d'équipage qu'il avait connue à l'escadrille des Cigognes.

Cette fois, ce n'était plus sur Arlette Marchal que s'était posé le regard P'ou-yi d'Henri, mais – en tout bien tout honneur – sur une femme qui était le contraire d'une vamp : l'aviatrice Maryse Hilsz, qui venait de battre le record du monde féminin d'altitude en faisant grimper son Morane-Saulnier 224 à près de dix mille mètres, qui préparait un raid Paris-Tokyo-Paris, et qu'Henri avait convaincue de jouer son propre rôle dans *Les Bleus du Ciel*.

Pendant qu'on préparait le plan suivant, Henri et Maryse s'étaient envolés ensemble pour quelques tours de terrain, trois chandelles, deux loopings et une vrille.

C'est elle qui tenait le manche et jouait du palonnier, c'est lui qui s'était senti soudain tout petit, tout pétri d'admiration.

À l'atterrissage, tandis que l'avion cahotait vers un grand sunlight qu'on venait d'allumer comme un phare pour guider un bateau, Henri avait confié son rêve à Maryse – avec la même timidité que le Jean-Pierre des *Bleus du Ciel* balbutiant son amour à Jeannette : il voulait faire un grand film sur la guerre aérienne dont il avait été acteur et témoin, qu'il avait essayé de raconter dans *Jeph, le roman d'un As*, mais, comme lorsque le plafond est plombé, pesant et bas, et qu'on hésite à traverser les nuages, il avait conscience d'être resté en dessous – non de la vérité, mais de la réalité.

Sans compter qu'il y avait eu ce poids écrasant de la mort de Julien, cet horrible presse-papiers qui, chaque fois qu'une page frémissait et voulait s'envoler, plaquait celle-ci à terre, la crucifiait presque sur le bois de la table.

– Fais-le, avait seulement dit Maryse. Un jour, fais-le, ton film.

Elle n'avait pas coupé le contact. L'hélice tournait toujours, brassant l'éblouissante lumière du sunlight et donnant l'impression de disperser à la volée des myriades d'abeilles de feu.

– À toi le manche, Henri. On remonte faire un tour là-haut.

Il fallait vraiment gueuler pour s'entendre.

— Cocotte (il disait cocotte aux filles pour lesquelles il avait beaucoup de tendresse, mais qu'il n'osait pas appeler imbéciles parce qu'elles étaient trop neuves dans sa vie pour connaître le «code des imbéciles»), cocotte, j'ai un film sur le feu.

— C'est pas pour te défiler, au moins? Tu sais toujours voler?

Il avait ri. S'il savait voler, lui? Il saurait toujours. Souvent, le soir en fin de tournage, à l'heure où les machinos remballaient le matériel, pendant que Blanche se démaquillait dans le baraquement qui servait de loges, il profitait de ce qu'un avion avait encore son moteur tout chaud pour se glisser dans le baquet, faire tête au vent, rouler, tirer sur le manche, et ça grimpait sans heurts, juste un léger balancement d'une aile sur l'autre – il volait comme il nageait, d'instinct.

À l'instar d'Howard Hughes dont le film *Hell's Angels* l'avait laissé littéralement cloué sur son fauteuil, il était cinéaste-aviateur – et même cinéaste-tout-un-tas-de-choses, mais d'abord et avant tout cinéaste *et* aviateur.

En beaucoup plus modeste que Mr. Hughes, naturellement. Mais lui, Henri, s'il n'avait pas de quoi se faire construire un avion, ni même de quoi en louer un, il passait des nuits à rêver qu'il volait. Pas comme pilote, mais comme poule blanche. En principe, les poules sont incapables de voler, mais la poule blanche en quoi ses rêves le transformaient certaines nuits, cette poule-là planait presque aussi bien qu'un albatros. S'appuyant sur ses ailes blanches, elle glissait au-dessus de la rue des Écouffes et de celle des Boulets, au-dessus de Fontenay-sous-Bois et de la courte rue Yvonne, au-dessus de l'Argonne où, sans pourtant l'avoir jamais vu, Henri reconnaissait le parapet où le corps du petit Julien avait été enfoui, il volait au-dessus des lieux de sa jeunesse, il volait au-dessus de sa vie – est-ce que ce Mr. Hughes, avec tout son fric, pouvait en dire autant?

En 1949, sur un scénario complice de Joseph Kessel, Henri tourna un film sur les débuts de l'Aéropostale, la fameuse «ligne» Toulouse-Casablanca-Dakar-Amérique du Sud, créée par Pierre Latécoère, dirigée par Didier Daurat, animée par Mermoz, Saint-Exupéry, Guillaumet, Reine et les Autres (majuscule à Autres parce que, parmi eux, cent vingt et un y laissèrent leur peau, morts pour des lettres dont beaucoup auraient tout aussi bien pu n'être jamais écrites, ne contenant que de la haine ou des fadaises, voire de simples coupons-réclames pour un lot de casseroles ou de boîtes de cirage).

Le film s'appelait *Au Grand Balcon*, du nom de ce petit hôtel de Toulouse tenu par trois demoiselles très prudes, très strictes, Risette, Henriette et Lucie Marquès (elles n'étaient plus que deux dans le film). Les pilotes y avaient établi leur Q-G, Henri les avait tous connus personnellement, «quand j'étais moi aussi un commencement d'homme et que, comme eux, je sentais l'huile de ricin», expliqua-t-il à un journaliste de *Cinémonde*.

Mermoz avait la chambre 32, elle existait toujours, inchangée.

Film difficile à qualifier – *ni document ni chronique*, annonçait un carton d'ouverture – où tout était authentique : l'hôtel, l'avion Bréguet 14, les lieux mêmes de l'action, certains acteurs rejouant pour la caméra le rôle qu'ils avaient tenu dans la réalité, et, plus authentique que tout, l'engagement d'Henri.

Le soir de la première de *Au Grand Balcon*, un fauteuil resta vide. Celui de la petite Maryse Hilsz disparue dans une nuée d'orage.

11

Ce scénario, *L'Or dans la rue*, il l'avait écrit
vite, très vite. Mais pas torché ni bâclé – ne pouvant en faire un juif, le fourreur Lazare avait
converti Henri à la religion du labeur scrupu-
leux, du travail bichonné.

N'empêche que papa s'était dépêché de finir
ce script, occupé qu'il était par un autre film
tellement plus important à ses yeux : *Toboggan*,
sa deuxième mise en scène, un sujet à lui, le
monde de la boxe, son versant sombre, ses
«Indes noires» comme il disait, le côté du perdant (il avait expliqué à Burel, son opérateur, ce
qu'il voulait : des becs de gaz allongeant l'ombre
du boxeur sur les trottoirs comme si le pauvre
type s'était fait étendre une seconde fois), avec,
en filigrane sous l'image du champion déchu, la
misère terreuse des bas quartiers, des rues pois-

seuses qu'Henri avait hantées au temps de Riton le Triton et du haricot de mouton sans mouton.

Son ami Georges Carpentier, premier Français champion du monde de boxe anglaise[26], avait accepté de jouer le rôle de l'ancien boxeur qui décidait de remonter sur le ring, perdait ce « combat en trop » et retombait dans la solitude, l'oubli, la misère.

« Le combat qu'a vraiment disputé Georges Carpentier dans *Toboggan*, écrivit un journaliste qui avait assisté au tournage, est sans contredit une des plus belles choses cinématographiques qu'on ait vues jusqu'ici. Son adversaire, le champion d'Europe poids mi-lourd John Anderson, lui donne la réplique en toute vérité. Les coups partent et arrivent. Le sang coule. La salle hurle. Et les caméras tournent... »

La dose d'enthousiasme que pouvait apporter Henri à *L'Or dans la rue* s'était donc trouvée diluée à proportion de la passion qu'il mettait dans « son » *Toboggan*.

Mais bon, on ne lui demandait que d'adapter et dialoguer en français un sujet déjà écrit par

26. 12 octobre 1920, Jersey City (États-Unis), victoire par K-O sur Battling Levinsky. En 1921, il défie Jack Dempsey pour le titre mondial des poids lourds. Mais une fracture à la main droite dès le deuxième round lui fait perdre un match que la presse, éblouie, qualifie tout de même de « match du siècle ». Carpentier quitte le ring en 1926.

le scénariste allemand Hermann Kösterlitz; et surtout, il comptait dans cette entreprise plusieurs amis à qui il ne pouvait rien refuser, dont Albert Préjean et le producteur Adolphe Osso à qui il devait d'avoir pu faire ses *Bleus du Ciel*, ainsi que le réalisateur Kurt Bernhardt, allemand et patriote, mais d'abord juif et antinazi[27].

En retour de cette bonne action – car papa soutenait que c'en était une, et qu'il devait être un *im*bécile (accent tonique sur la première syllabe, il s'agissait donc du con basique, en somme du brave con), ou alors un type épatant, pour consacrer son précieux temps à cette extravagante histoire d'escroquerie à l'or synthétique – lui fut accordée, presque instantanément, une récompense dont il n'aurait jamais osé rêver.

Une récompense qui épousait les formes douces et tendues d'une fille de dix-sept ans, plus lumineuse à elle toute seule que la batterie de projecteurs que le chef-opérateur Michel Kelber lui braquait dessus – bien inutilement d'ailleurs, pensait Henri, car la gosse irradiait une telle lumière naturelle qu'un seul sourire d'elle devait suffire à surexposer plusieurs milliers de mètres de la pellicule la moins sensible.

27. Kurt Bernhardt dut d'ailleurs fuir l'Allemagne. Il fit carrière aux États-Unis sous le nom de Curtis Bernhardt.

Et ce sourire n'était qu'un soleil, c'est-à-dire presque rien comparé aux yeux de la gamine qui, eux, brillaient comme *deux* soleils.

Autour de tous ces soleils dansaient des boucles châtain clair dont un coiffeur de plateau qui gesticulait autour d'elles avec un peigne prétendait qu'il s'agissait de boucles de cheveux, alors qu'il était évident, pour Henri en tout cas, que ces boucles-là étaient ourlées dans une matière qui n'avait pu naître que de la main des anges.

À quoi s'ajoutait un port de tête soutenu et tendre – Henri voulant dire par là qu'une fois séduite, si tant est qu'une conquête soit envisageable, cette jolie tête et son adorable visage viendraient tout naturellement se nicher dans son cou à lui.

D'après Kurt Bernhardt, cette apparition coiffée d'une toque de velours et vêtue d'une simplissime robe claire laissant voir ses bras parfaits s'appelait Danielle Darrieux.

Henri avait dévisagé Bernhardt avec suspicion. Certes, il savait parfaitement que c'était la petite Darrieux qu'on avait choisie pour le rôle de Gaby, la petite Darrieux charmante et rieuse qui l'avait enchanté dans *La Crise est finie*, ému dans *Panurge*, impressionné dans *Volga en flammes*. Et Henri avait approuvé ce choix : depuis ses débuts à l'écran (*Le Bal* de Wilhelm

Thiele, il y avait trois ans de cela, elle n'avait que quatorze ans...) cette petite Darrieux n'avait cessé de progresser.

Mais il n'aurait jamais imaginé qu'elle ait pu devenir aussi jolie.

– Je crois que tu es en train de tomber amoureux, supputa Bernhardt.

– Moi ? se récusa Henri. Moi, en train de tomber amoureux ? Et de la môme Darrieux ? Alors là, mon vieux Kurt, permets-moi de te dire que tu te trompes absolument. Je ne suis pas le moins du monde en train de tomber amoureux : *je suis* amoureux.

Il l'était. Et il le fut éperdument six ans durant. Le temps d'un mariage qui fut aussi le temps d'une passion.

Lorsque Henri rencontra Danielle, il venait de se séparer de Blanche.

À moins que ça n'ait été le contraire – Blanche se séparant d'Henri, Blanche trop fille à principes (en plus des bons vieux dogmes paysans hérités de sa maman berrichonne, elle avait forcément « attrapé » quelques chromosomes à forte teneur bourgeoise de son père naturel, ce jeune gominé qui l'avait récusée au nom de ce qu'il appelait la morale et qui n'était que sa pétoche du qu'en-dira-t-on), Blanche qui n'avait pas le cœur assez théâtreux pour supporter les amours à entractes, les affiches partagées, les strapontins pour deux, Blanche qui n'en pouvait plus des frétillements extraconjugaux d'Henri (la trop fondante Arlette Marchal, oui, mais pas seulement...), Blanche s'en allant, son Jacques sous le bras, mais sans rancœur ni rancune.

Les divorces d'Henri étaient gais comme des mariages. À regretter qu'ils n'aient pas lieu en mai ou en juin et que la divorcée ne soit pas en robe blanche : la dissolution prononcée, on s'embrassait sur les marches du palais de justice en jurant de se revoir bientôt.

Je me souviens d'un soir de printemps où papa avait réuni trois de ses femmes, Blanche, Danielle, et la toute dernière, maman, qui s'appelait Juliette et qu'on appelait Lily.

Le prétexte invoqué était le proche tournage de *L'Affaire des poisons* où Danielle Darrieux devait incarner la Montespan, où l'agence artistique de Blanche Montel, désormais l'une des toutes premières de Paris, avait des acteurs à placer, et où maman avait la charge de rendre papa détendu et heureux tout au long du tournage.

Pour que ce soit plus intime, on avait délaissé la salle à manger au profit d'une table à bridge joliment dressée dans le salon, près de la cheminée de marbre noir – qui était en réalité du marbre blanc, mais qu'Henri avait peint en noir très peu de temps après avoir peint en blanc son téléphone noir.

Pour raffiner encore ce petit festin de Babette avant la lettre (où des alouettes à la polenta remplaçaient les inoubliables cailles en sarcophage), les locataires du septième étage avaient consenti à ce qu'Alexandre, leur vieux maître d'hôtel grec, descende chez nous assurer le service à table.

En hommage à Danielle Darrieux, en qui il voyait la seule mortelle capable de rabattre leur caquet aux déesses de l'Olympe, Alexandre avait passé la nuit à lui confectionner son chef-d'œuvre : des petits gâteaux friables, poudrés comme des marquises, exquis à damner tous les moines zélotes d'Esphigmenou.

À voir Henri, chemise à col ouvert et foulard de soie, parfumé *Moustache* de chez Rochas, couver ses trois femmes en robe du soir d'un même regard attendri et admiratif, il était clair que cet amour de souper était aussi pour lui le souper de l'amour.

Après les hors-d'œuvre, il avait levé son verre pour remercier Dieu en qui il ne croyait pas – il avait beau avoir fait sien l'acte de foi de Jeanson : «Je ne crois à rien, mais j'y crois fermement», il se sentait ce soir trop heureux pour ne pas témoigner son infinie reconnaissance à l'Inexistant de lui avoir donné des épouses aussi ravissantes et futées.

Les trois Grâces protestèrent qu'elles ne méritaient pas ces compliments, mais si, mais si, insista Henri, alors elles minaudèrent de la façon la plus charmante du monde (je sais tout ça parce que ma sœur et moi étions en observation dans l'embrasure de la porte, c'était comme au cinéma, ces comédies américaines qu'on adorait, on attendait que l'une des trois femmes se lève et se mette à chanter, pourvu que ce soit Danielle et qu'elle fredonne l'air de *Premier Rendez-vous*), elles se donnèrent des coups de coude dans les côtes, elles rirent tout en faisant semblant d'écraser une larme, et elles renversèrent leur champagne.

– N'empêche..., dit alors Henri.

Il marqua un léger embarras qui le fit ressembler à Cary Grant dans *Arsenic et vieilles dentelles* quand ce dernier se demande quels mots trouver pour expliquer à ses chères tantes qu'elles ne rendent pas forcément service à des hommes seuls et sans attaches en les faisant passer de vie à trépas et en les enterrant.

– ... oui, n'empêche que la plus jolie, c'était la première.

– Tu veux dire... Blanche ? firent Lily et Danielle – d'une voix justement blanche.

– Blanche a été ma deuxième femme, précisa Henri. Là, je parle de la première. Et la première, c'était Hélène.

– Oh, celle-là ! firent en chœur les trois autres.

Sauf pour Blanche qui avait parfois aidé Henri à subvenir aux besoins d'Hélène – bien que le jugement de divorce ne l'y oblige plus, il avait voulu continuer à lui donner de l'argent –, la jeune femme aurait tout aussi bien pu ne pas exister.

On savait seulement – on *croyait* savoir – qu'elle était belle et folle. On l'imaginait un peu comme Ophélie, dérivant au fil de la mémoire d'Henri ; lui seul l'ayant vue, humée, léchée, touchée.

Hélène Rayé portait doublement bien son nom : femme en effet rayée, barrée, biffée en ce sens qu'après onze ans de mariage mon père n'avait rien gardé d'elle (du moins rien de visible, dans aucun tiroir, aucune poche), pas une photo, pas une lettre, pas un objet souvenir, son adresse ne figurait nulle part ; mais en même temps rayée comme ces disques qui ne veulent pas finir, qui vous serinent inlassablement les mêmes deux ou trois notes de musique.

Mon père ne m'en avait parlé qu'une fois – c'était près de Barcelone, un jour torride sur la route de Castelldefels où on avait reconstitué, derrière un rideau de roseaux dissimulant une éruption de béton touristique, quelques modestes arpents d'Indochine pour les besoins des *Parias de la gloire*, film modeste lui aussi, qu'il n'avait pas vraiment eu envie de faire, mais c'était ça ou rien, il avait d'ailleurs dû mettre son cachet en participation, les machinistes l'appelaient toujours respectueusement «le vieux lion», sauf que le vieux lion était à bout, bientôt quatre-vingts ans et le cœur très malade.

Donc, à l'en croire, Hélène et lui avaient été les héros d'une histoire de mariage et de guerre.

Devant le chiffre des pertes humaines qui dépassait les prévisions les plus pessimistes et faisait craindre que la France, même si elle gagnait la guerre, ce qui en 1915 était loin d'être certain, ne subisse un cataclysme démographique, il avait été décidé d'accorder une permission à tout soldat encore célibataire apte à contracter mariage.

Quelques jours loin de l'enfer, quelques heures d'amour en prime, qui pouvait refuser ça ?

N'importe qui pouvait postuler, il n'y avait aucun piège, le marché était clair – à peine avait-on eu besoin de préciser que le soldat qui reviendrait sans contrat de mariage serait évidemment considéré comme déserteur et passé par les armes.

Mon père s'était aussitôt porté volontaire et avait embarqué dans le train spécial des permissionnaires de la nuit de noces.

Le problème était qu'il n'avait aucune fiancée en vue. Mais ça ne le perturbait pas plus que ça. Après tout, il avait encore quarante-huit heures devant lui pour en trouver une.

Ayant choisi de se fier à sa bonne étoile, il descendit à la première gare à laquelle le train s'arrêta. Les mains dans les poches et sifflotant un air guilleret, il s'enfonça dans la ville.

En fait de ville, c'était plutôt un gros village qui sentait le foin, il avait oublié comment s'appelait cet endroit paumé mais il se souvenait de tout ce foin qui débordait de partout, du foin en gerbes, en bottes, en jonchées, du foin encore vert, du foin blond et sec qui crissait sous la semelle, du foin humide, gris comme de la paille de fer. Henri en avait conclu que l'armée utilisait cette petite ville pour y rassembler les tonnes et les tonnes de fourrage destiné aux chevaux de guerre. Bonne nouvelle pour les chevaux, moins bonne pour papa : ce n'était pas vraiment le genre d'endroit où il allait trouver ce qu'il venait chercher au péril de sa vie : une femme inconnue qui accepterait de l'épouser sous quarante-huit heures.

Il était trop tard pour se raviser, le panache de fumée du train des permissionnaires se dissipait déjà à l'horizon. Alors il avait marché jusqu'au centre du bourg, espérant qu'il finirait par tomber sur quelque chose comme un hôtel, et dans cet hôtel sur une servante dont le fiancé aurait été tué à l'ennemi, une servante en désarroi qui entendrait les paroles de consolation et d'espérance qu'Henri préparait pour elle tout en marchant dans la ville.

– La mystérieuse Hélène, c'était donc une petite servante d'auberge ?

Je comprenais mieux, maintenant, pourquoi il avait toujours raffolé des hôtels-restaurants.

– Non, il n'y avait pas d'auberge dans cette ville. Ou c'est moi qui ne l'ai pas vue – il faisait déjà nuit et c'était le couvre-feu. C'est peut-être le destin qui a voulu que ça soit comme ça. Mais je me suis cogné le nez contre une porte où il y avait une pancarte : chambre à louer. La propriétaire avait une nièce. Hélène.

– La folle...

– Folle de m'avoir dit oui, voilà sa folie. La pauvre gosse, un type débarque chez elle la nuit, enfin chez sa tante, et tu aurais vu la tête que j'avais, du foin plein mon uniforme, remarque que dans la pénombre ces barrettes de foin pou-

226

vaient passer pour des galons dorés, en tout cas elle n'a presque pas réfléchi, le lendemain on s'est présentés tous les deux devant le maire, et à la question : « Voulez-vous prendre pour époux, etc., etc. », elle a dit oui.

– Étourdissant, comme scénario ! avais-je apprécié.

– Je te le donne [28].

Il nous faisait souvent présent de choses invisibles, diaphanes, chimériques, visionnaires, en hommage aux époques de sa vie où il ne pouvait rien offrir du tout, ou si peu, trop pauvre pour ça.

Il accrochait aux branches du sapin de Noël des « bon pour... » qui ne valaient pas tripette, qu'on ne pouvait échanger contre aucune réalité, mais qui nous faisaient rêver pendant des mois – tellement plus longtemps qu'un vrai jouet dont on aurait vite fait de se lasser.

C'est ainsi qu'il n'a jamais honoré une promesse de survol du Rif marocain à la naissance du jour à bord d'un biplan piloté par lui, ni une invitation au cabaret *Raspoutine* où Joseph Kessel et lui devaient me montrer comment ils dévoraient des verres en commençant par les briser d'un coup d'incisives avant de les

28. Bien plus tard, je me suis effectivement inspiré de ce « conte » pour écrire *Les Fiançailles de feu*, réalisé pour la télévision par Pierre Bureau.

déchiqueter avec les canines et de les broyer sous leurs molaires jusqu'à les réduire en poudre, avalant le tout d'un coup de glotte accompagné d'une longue, très longue lampée de vodka.

L'avantage des cadeaux virtuels, c'est qu'ils ne s'usent pas, ne prennent pas de place, ne se perdent pas dans les déménagements.

La vérité sur Hélène, j'ai fini par la savoir. C'est une belle vérité. Mais Henri la dissimula, pensant sans doute que si elle venait à être connue, elle serait trop à son avantage à lui. Alors il m'inventa cette histoire d'une ville de foin et d'une fille adorable et folle grâce à laquelle il s'était tiré *in extremis* du piège où il s'était fourré.

Or donc, voici le vrai : cette jeune femme de vingt-six ans, Hélène Gabrielle Rayé, récemment divorcée, était déjà la maîtresse d'Henri avant la déclaration de guerre – sa maîtresse et concubine, puisqu'il est prouvé qu'ils habitaient ensemble au 7 de la rue de Provence, avec d'ailleurs d'autres parents d'Hélène.

Inscrite à l'état civil comme employée de commerce, on peut supposer qu'Hélène travaillait dans la pelleterie avec Henri – lors de son incorporation, il avait déclaré exploiter un commerce de fourrures, le petit Julien aussi s'était présenté comme fourreur, sans doute les frères Decoin besognaient-ils avec les fils Lazare.

Peu importe. En 1915, on ne se souciait plus de la peau des bêtes, ni même de celle des autres, mais de la sienne propre. Qui valait moins que tripette. Sous-lieutenant au 4e Zouaves, régiment particulièrement exposé, Henri était assuré de mourir comme Julien tué à l'ennemi moins d'un mois auparavant.

Il n'était pas à Fontenay-sous-Bois, dans la maison étroite de la rue Yvonne, où ses parents avaient fini par échouer, quand ils avaient appris la mort du fils cadet. Mais il imaginait le désastre. La mère avait dû crier, un cri d'animal. La maison était trop petite pour contenir une si grande douleur, Zoé Anaïs avait couru dans la rue, la bouche toujours pleine de ce cri sans fin. Les femmes de la rue Yvonne avaient compris tout de suite. La seule chose, c'est qu'elles n'arrivaient pas à savoir qui était mort, si c'était Henri ou Julien. On verrait ça plus tard. Elles avaient serré contre elles la pauvre petite mère, leurs lèvres remontant ses joues jusqu'à la source des larmes comme pour essayer de les tarir, les empêcher de gicler comme ça, elles jaillissaient des yeux de Zoé avec une telle force qu'elles décrivaient un orbe avant de retomber, les voisines avaient dénoué son fichu et lui caressaient la tête, pétrissaient ses épaules et ses mains. Des chiens s'étaient mis à aboyer.

Henri espérait que la douleur de sa mère ne serait pas aussi violente quand viendrait son tour à lui. Non pas qu'elle l'aimait moins que Julien, mais il n'y aurait plus cette épouvante de la première fois.

Si Henri ne pouvait rien pour sa mère, il pouvait en revanche quelque chose pour Hélène : faire en sorte qu'on lui verse une pension de veuve de guerre.

Il fallait à cela deux conditions : qu'elle devienne sa femme, ce qui ne dépendait plus que de lui car elle lui avait chuchoté oui, oui, oui, oui, des nuits entières – et qu'il soit tué, ce qui dépendait des Allemands, mais pour ça il leur faisait confiance.

Alors, le 9 septembre 1915 à dix heures quarante, Henri avait épousé Hélène.

Ce fut un mariage d'une grande tristesse. Joseph Auguste, dont la mort de Julien avait précipité la décrépitude, n'avait pu venir de Fontenay jusqu'à la mairie du IXe arrondissement; mais il avait donné son consentement par acte authentifié.

Zoé Anaïs était présente, mais si pâle. Elle regardait Hélène avec une infinie reconnaissance : c'était grâce à cette jolie petite femme qu'Henri avait pu quitter le front – oh! rien qu'une poignée d'heures, bien sûr, mais qui pouvait dire si ça n'était pas pendant ces courtes heures, justement, que la mort avait prévu de le frapper?

Le maître d'hôtel grec prêté par les voisins du dessus venait d'apporter le café ainsi que deux assiettes de ses fameux petits gâteaux. Il s'était incliné devant ces dames et il était sorti. Affreusement désappointé de devoir regagner l'office au moment précis où Danielle allait mordre dans un petit gâteau et – ça ne faisait aucun doute pour Alexandre – s'exclamer qu'elle n'avait jamais rien goûté d'aussi savoureux.

Henri avait ouvert les baies vitrées qui donnaient sur le bois de Boulogne. On apercevait à gauche le sentier où Risou et moi faisions de la bicyclette sous les murs de Bagatelle, et à droite la Seine où les péniches avaient alors le bon goût de donner de la sirène sous le tablier du pont de Puteaux, comme les paquebots de la route de New York quand ils passent le Verrazzano.

– Cette Hélène, reprit pensivement maman, ne devait pas seulement être très belle. Vous connaissez Henri comme moi : il ne serait jamais resté aussi longtemps avec une femme qui n'aurait eu que sa beauté pour elle...

Il disait que la beauté valait pour une femme ce que la bande-annonce vaut pour un film : ça produisait de l'envie, de l'eau à la bouche, de l'impatience; mais ça n'était pas le film, c'en était très loin.

Ainsi, Danielle. A-t-il aimé Danielle pour sa beauté ? Non. Enfin si, ça l'avait émerveillé qu'elle soit aussi jolie, c'était même ce qui l'avait tout de suite attiré vers elle quand il l'avait rencontrée sur le plateau de Kurt Bernhardt. Mais c'est plus tard, en la dirigeant dans leur premier vrai film ensemble, *Le Domino vert*, clone français (avec dialogues de Marcel Aymé) d'un film du réalisateur allemand Herbert Selpin[29], qu'elle l'avait touché au cœur – et ce qui l'avait fait fondre (qui n'a jamais vu Henri Decoin fondre devant une créature, femme, petit chat ou coccinelle, et lui tendre la main non pour la caresser mais pour la recueillir et la blottir dans le creux de sa paume, n'a jamais vu un homme amoureux), ce n'était pas tant sa beauté que de la voir se promener sur le plateau *avec un complexe d'infériorité à lui briser bras et jambes...*

Elle prenait l'univers à témoin qu'elle n'était pas faite pour ce métier. Elle s'énervait, tapait

29. Arrêté en 1942 par la Gestapo pour avoir mis en cause la marine allemande à propos du film *Titanic* qu'il devait tourner, Selpin fut retrouvé pendu dans sa cellule. Meurtre ou suicide ? On ne sait pas...

des pieds, rouspétait – et enfin, et surtout, elle pleurait. Ce n'était pas de la comédie. Et elle n'était pas triste. Elle était simplement convaincue de ne pas pouvoir être, ni maintenant ni jamais, à la hauteur de ce qu'on attendait d'elle.

Elle se trompait. C'étaient les films qui ne lui arrivaient pas à la cheville.

Après avoir férocement, et non sans raison, éreinté *Le Domino vert* (« C'est raté, fulminait-il, c'est atrocement raté ! »), un critique français avait tout de même trouvé une tête à sauver : « Le charmant visage de Danielle Darrieux, plus fine et plus jolie qu'aucune star américaine. [...] On sent même, parfois, qu'il y a en elle l'étoffe d'une comédienne. Mais que ne lui donne-t-on de meilleurs rôles et de meilleurs films ? Nous avons peut-être une vraie grande vedette, et on la laisse tourner ces insanités à Berlin[30] ! »

Il venait, sans le savoir, d'être exaucé : Henri et Danielle avaient quitté les studios de la UFA. Sans l'ombre d'une nostalgie. Finis ces films qui n'étaient que des papiers carbones. D'ailleurs, ils avaient autre chose à faire, et de plus important : ils allaient se marier.

---

30. Journal *Candide*, cité par Yves Desrichard, auteur d'un « ciné-regard » sur Henri Decoin, Bibliothèque du film et Durante Éditeur, Paris, 2003.

En même temps qu'il avait découvert son nouvel amour, Henri avait aussi découvert une nouvelle Allemagne – le premier de plus en plus tendre, la seconde de plus en plus dure.

Les cent vingt bâtiments, plateaux, hangars et magasins, qui constituaient l'univers jusqu'alors privilégié de la citadelle Babelsberg donnaient maintenant des signes de porosité grave : Goebbels avait réussi sa prise du pouvoir *aussi* sur le cinéma allemand.

À première vue, pourtant, rien ne paraissait avoir vraiment changé sur la route de Potsdam. La forêt et le lac de Wannsee n'avaient rien perdu de leur fraîcheur, il y avait toujours, quand on arrivait aux studios, le faux caboulot sous les marronniers qui servait un blanc du Rhin fruité à souhait, et les couloirs continuaient de sentir le cosmétique à la rose, le cigare blond, la charcuterie de plus en plus grasse et abondante.

Mais lors du précédent séjour qu'il avait fait à Berlin pour présenter *Les Requins du pétrole*, Henri ne se rappelait pas avoir vu, aux abords des écoles, autant de petits nazillons en courte culotte noire, chemise brune et cravate noire, ça l'aurait frappé, il se méfiait des essaims, des fourmilières, de tout ce qui s'agrégeait et qui avait si vite fait de tourner à la horde, à la meute hurlante.

Hier, les SS n'étaient pas si nombreux. Aujourd'hui, ils étaient partout. On en trouvait aussi bien chez les bouffis suintant la graisse que chez les hépatiques à yeux jaunes et mauvaise haleine.

En attendant, le peuple allemand continuait à crever de faim. La détresse des dizaines de millions de chômeurs que la République de Weimar n'avait pas su endiguer était toujours là, émaciée, insupportable quelquefois, comme cette nuit où Henri, rentrant d'un gala, avait trouvé une petite fille aux nattes blondes morte dans une encoignure, morte avec tant de grâce qu'il avait d'abord cru à une petite actrice jouant dans un film, Andersen, avait-il pensé, *La Petite Marchande d'allumettes*, surtout qu'il y avait une flaque de lumière posée sur elle, une intense blancheur de sunlight, en fait le phare d'une voiture arrêtée en haut de la rue, Henri s'était retenu d'intervenir, ne voulant surtout pas faire rater la prise, mais au bout d'un moment, un moment assez long, comme aucune voix ne criait « coupez ! » il s'était avancé, penché sur l'enfant, questions banales : « qu'est-ce que tu fous là, toi, à ton âge et toute seule dans la nuit, hé ? », il avait posé la main sur son front, c'était froid, glacé.

Henri avait donné l'alerte. Et attendu. Ils étaient venus la chercher un peu avant l'aube. Deux hommes, plus raides que la petite.

235

Sur le dénuement, la débine, la tragédie de soirs comme celui-là, se greffait désormais une sorte d'arrogance, un bloc d'orgueil compact, lisse, insensible à la mort des fillettes, impénétrable à toute raison non allemande, non aryenne, non hitlérienne.

Henri n'était pas ancien fourreur pour rien. Il se rappelait qu'il suffit de très peu de chose pour qu'un animal, par son pelage, sa seule vêture, en fascine et en terrorise un autre – et il avait noté l'aspect hautain, impératif, des uniformes, l'orgueil avec lequel les casquettes d'officier se retroussaient.

12

Mademoiselle Darrieux étant très demandée (du brillantissime *Mayerling* de Litvak au *Tarass Boulba* de Granowsky, film qu'Henri n'aimait guère, mais moi si, parce que j'y trouve Darrieux absolument fondante – désolé, papa, à chacun ses fantasmes), Henri dut mettre en patience *Mademoiselle ma mère*, la toute dernière étude qu'il voulait faire de sa petite chérie – « Bof ! relève la Darrieux pas dupe (et on imagine avec quelle moue), Decoin pouvait faire mieux que ce film, et il le prouva très vite[31]... »

On a évoqué Pygmalion à propos d'eux.

C'est lui qui l'a faite ! trompettent les uns. Sans elle, il n'était rien du tout et le serait resté ! tonitruent les autres.

31. *Danielle Darrieux, filmographie commentée par elle-même*, Éd. Ramsay (1995 & 2003).

Flash-back. Un soir où la télé, alors en noir et blanc et chaîne unique, proposait un Decoin-Darrieux, un *Premier Rendez-vous*, un *Battement de cœur*, une *Vérité sur Bébé Donge*. On s'installait sur le canapé bleu face au poste, et alors, ça ne ratait jamais, le téléphone sonnait dans la pièce à côté, maman courait répondre, revenait vers le canapé bleu avec le téléphone blanc :

– Pour toi, Henri, un journaliste. Il veut savoir si, par rapport à Danielle, tu as été une espèce de Pygmalion ou bien si...

– Qu'il aille se faire foutre, disait papa.

Puis il se levait, se plantait face à nous, et, essayant de plier sa voix de baryton au parler de moineau enrhumé d'Arletty, nous demandait si vraiment nous trouvions qu'il avait une gueule de Pygmalion.

Eh bien, non. Ni la gueule (quoique avec ses frisures qui lui rebiquaient sur la nuque, son teint hâlé et son long nez droit de statue antique, il aurait pu passer pour ce roi légendaire de Chypre), ni l'esprit, et encore moins le désir d'en être un : Henri n'a pas dominé Danielle.

Il n'a d'ailleurs jamais dominé celles et ceux qu'il aimait. Or il est indéniable qu'il aima cette femme, non comme une créature mais comme une créatrice.

Il ne l'a pas asservie, mais servie.

Parmi tous ses inconvénients, le cinéma parlant eut longtemps celui de ne pouvoir supporter aucun bruit parasite.

La caméra émettait elle-même un tel raffut de
cliquetis, frottements, déclics, grincements, cré-
pitements et autres, qu'on avait dû la claustrer
dans une sorte de sarcophage qui en faisait une
grosse reine des abeilles tout juste bonne à
pondre des images et des sons, et à peu près
incapable de se déplacer sinon sur un chariot
glissant sur des rails.

Elle qui avait été si leste, si véloce, bondis-
sante et fringante, elle qui se lançait dans de
folles courses poursuites à travers les rues de
San Francisco ou sur les toits de Paris, qui se
suspendait à la perche des tramways et dansait
avec les étincelles, dévalait des rapides, sautait
d'un mustang sur le chasse-buffles d'une locomotive, voilà qu'elle ne vivait plus que prudem-
ment confinée dans des studios où l'on faisait
régner un silence d'hôpital.

Le parlant ne pouvait donc pas tolérer sur un
plateau la présence d'un enfant atteint d'une
coqueluche carabinée.

Or j'étais cet enfant quinteux, toussant le
jour, toussant la nuit, quand papa entama à

Nice, en 1952, le tournage de *La Vérité sur Bébé Donge*.

Confiné dans une villa proche des studios de la Victorine, je fus interdit de plateau et, par voie de conséquence, interdit de Danielle Darrieux.

– Je te raconterai, avait promis papa.

Tous les soirs en rentrant de la Victorine, il s'asseyait sur le bord de mon lit. Slalomant entre mes quintes de toux, il me faisait un rapport détaillé de sa journée de travail. Je suivis ainsi, râle après râle, la lente agonie de François Donge empoisonné par sa femme Élisabeth, dite Bébé.

Est-ce à cause de cette impression d'une France de nouveau coupée en deux, d'un côté la Côte d'Azur en novembre, si tiède et lumineuse, et, là-haut où était Paris, la zone *occupée* par la froidure, la pluie, le ciel bas et sombre ? Est-ce parce que de retrouver Danielle devant sa caméra avait fait ricocher Henri quelques années en arrière et qu'il éprouvait soudain le besoin de partager ce flash-back avec quelqu'un, quelqu'un qui saurait l'écouter sans a priori, sans idées préconçues ni préjugés – j'étais là, moi, j'étais tout neuf, j'avais sept ans ?

Toujours est-il qu'Henri se mit soudain à me parler de tout autre chose que de la mort annoncée de Donge-Gabin et de l'arrestation inévitable de Bébé-Darrieux.

Henri avait flairé la guerre. Comme le chien sent venir la chasse rien qu'à la voltige des premières feuilles mortes, à l'odeur de fougère et de souche mouillées qui rampe dans les villes avec l'automne, au parfum gras du lubrifiant pour fusil qui imprègne les mains qui le flattent.

Discrètement pour ne pas inquiéter Danielle, il avait sorti de la penderie son uniforme de capitaine aviateur. L'avait enfilé pour vérifier qu'il lui allait toujours. La veste tombait parfaitement. Mais il faudrait faire élargir la taille du pantalon. Trois ou quatre centimètres au moins. Le col de la chemise blanche était un peu étrangleur, lui aussi.

Était-ce Hollywood qui l'avait empâté – les kilos américains, composés de sucre, étaient paraît-il plus difficiles à effacer que les kilos français à base de cassoulet – ou l'imminence de la cinquantaine ?

Cinquante ans, l'âge auquel était partie Zoé Anaïs Decoin, la petite mère courage, inventrice du haricot de mouton sans mouton. Morte une nuit de février dans la toute petite maison de la rue Yvonne. Henri était accouru, il avait trouvé

Madeleine en larmes, Joseph Auguste hébété, il avait avalé un café pour se réchauffer, une vraie lavasse mais il s'en foutait, la mort de sa mère lui avait provisoirement ôté le sens du goût, de l'odorat, cette mort faisait de lui un caillou.

Il était allé déclarer le décès à la mairie. Puis était passé au cimetière, voir ce qu'il était possible de faire. Le petit Julien ayant été inhumé sur place, là-bas dans l'Argonne, il n'y avait pas de caveau Decoin à Fontenay. La solution était d'acheter une concession. Henri ne demandait pas mieux, mais là, tout de suite, il n'avait pas l'argent – il devait garder le peu dont il disposait pour les dépenses les plus immédiates, cercueil, fleurs, corbillard, faire teindre une robe en noir pour Madeleine, la mort a ses urgences.

En attendant, on lui proposait d'inhumer sa mère dans le carré des indigents. Le gardien l'assura qu'elle n'y serait pas plus mal qu'ailleurs. C'était gratuit et elle pourrait y dormir cinq ans sans être importunée d'aucune façon.

Trois semaines plus tard, Henri avait rassemblé de quoi offrir à sa mère une concession trentenaire – qu'il renouvela jusqu'à sa propre mort, et bien sûr sans en parler à personne.

Juste avant la guerre, c'est comme avant l'orage, une étrange lividité, en réalité pâleur fictive née du contraste avec la noirceur du ciel, envahit tout. Arbres figés, tellement raidis dans l'attente qu'ils craquent parfois comme en hiver, les animaux silencieux, racornis, aplatis sur eux-mêmes, ceux qui ont toujours voulu dominer, qui ont inventé des gestuelles, des danses, des parures insensées et épuisantes, donneraient à présent n'importe quoi pour devenir gris, nains, disparaître dans un interstice du mur.

La peur, ça s'appelle.

On avait trouvé dans un champ, en Anjou, plusieurs lièvres morts de peur au fond de leurs terriers, morts de peur prémonitoire sans qu'il se soit rien passé, pas un avion en rase-mottes, pas un petit blindé paumé cherchant sa route dans la luzerne, rien, l'été, le soleil, et la paix – mais la peur.

Son uniforme rectifié (il avait profité du passage chez le tailleur pour remplacer les petites ailes qui ornaient sa casquette, et dont l'or s'était affadi dans l'obscurité des penderies), le capitaine aviateur Decoin était parti en guerre. Une guerre qui, comme chacun sait – mais moi, à sept ans, je ne savais rien –, n'était pas encore la guerre.

Depuis 1919, Henri n'avait effectué aucun vol d'entraînement sur avion militaire. Il avait gardé le goût du ciel, mais perdu la main. Sa remise à niveau – à niveau de combat, qui plus est, et sur des appareils qui n'avaient plus rien à voir

243

avec ceux qu'il avait pilotés aux Cigognes – aurait exigé trop de temps, d'argent, de patience.

On préféra l'envoyer à Beauvais, état-major de la 2ᵉ Région aérienne, détaché près du préfet de l'Oise.

Danielle Darrieux vola à sa place. Comme élève. Pas dans une école de pilotage mais de pick-pockets. Tel était en effet le point de départ de *Battement de cœur*, une comédie écrite par Michel Duran, Jean Willeme et Max Colpet – de son vrai nom Max Kolpenitzky, interdit de cinéma parce que juif, ce qui ne pouvait évidemment qu'inciter mon père à l'engager séance tenante.

Tout le savoir-faire enchanté qu'il avait acquis lors de son voyage aux studios hollywoodiens, Henri l'avait mis dans ce film dont il se hâtait d'achever les ultimes finitions, la sortie étant prévue pour les premières semaines de 1940.

Où en serait la guerre à ce moment-là ?

Chargé (entre autres) des approvisionnements de la 2ᵉ Région aérienne en essence aviation, Henri avait vite compris que le jour où la « drôle de guerre » tournerait à l'embrasement généralisé, ce qui lui paraissait inévitable, les escadrilles françaises risquaient d'être rapidement mises sur la touche.

Pas parce que la Luftwaffe leur serait supérieure en matériel et en nombre, mais parce qu'elles allaient manquer d'essence...

Battement de cœur sortit dans les premiers jours de février 40, comme prévu. Le succès ne fut pas au rendez-vous. La presse reprochait au film l'image débilitante qu'il donnait de la France. Tous ces voleurs ! Et ces gamines aguicheuses en rupture de maison de correction ! Et tous présentés comme des gens charmants, en plus ! Ah ! ce n'était pas avec cette jeunesse-là qu'on allait la gagner, la guerre...

Henri ne se formalisa pas. Il était arrivé à un point où, s'il ne faisait pas ce qu'il voulait (oh ! loin de là, et au fond il n'a jamais fait ce qu'il voulait, ce qui explique peut-être pourquoi il ne s'est jamais lassé de *faire* – des championnats de ceci ou de cela, des articles, des livres, des films, des mariages, des enfants, des crises cardiaques –, c'est ça qui est épatant avec les insatisfaits chroniques : ils continuent d'aller de l'avant, toujours en quête de leur improbable Amérique, mais toujours persuadés qu'elle existe) – s'il ne faisait pas ce qu'il voulait, disais-je, au moins savait-il ce qu'il faisait : il n'en démordait pas, *Battement de cœur* était son meilleur film à ce jour[32], Danielle Darrieux

32. *Battement de cœur* bénéficia d'une seconde sortie après la défaite de juin 40. Cette fois, au milieu de la navrance engendrée par la catastrophe, le charme du film fit merveille – et ce fut un triomphe. Dans l'excellent numéro de l'*Anthologie du cinéma* consacré à Henri Decoin, Raymond Chirat rappelle que

n'avait jamais été aussi jolie, mutine, vive et enjouée, et si leur prochain opus à deux cœurs, le bien nommé *Coup de foudre*, ne faisait pas sauter la banque, il s'engageait à manger sa casquette de capitaine aviateur, visière et petites ailes d'or comprises.

L'occasion ne lui en fut pas donnée.

Il avait pourtant bénéficié, sur requête du ministère de l'Information qui estimait qu'un film d'Henri Decoin avec Danielle Darrieux était « un succès assuré, de nature à servir la propagande en faveur de la création artistique française, ainsi que l'exportation d'un produit culturel de qualité », d'une affectation spéciale de trois mois pour lui permettre de diriger le tournage de *Coup de foudre*.

Le temps de lisser une dernière fois le scénario écrit par ses complices de *Battement de cœur*, et Henri prit le train de nuit pour Megève où devaient avoir lieu les prises de vues.

Lui toujours si optimiste, tant pour lui-même que pour les autres, éprouvait cette fois un sentiment de fragilité, de précarité, une anxiété qu'il n'avait encore jamais ressentie. Il lui était arrivé d'avoir peur, épouvantablement peur, mais

Battement de cœur en était à sa cinquante-deuxième semaine d'exclusivité au moment où sortit *Premier Rendez-vous...*

sachant alors que c'était la peur, il l'avait nommée, admise, il avait «fait avec».

Cette fois, il ne savait pas comment appeler ce qu'il ressentait. Mais c'était désagréable à vivre.

Et puis il se mit à souffrir de douleurs à l'abdomen.

Il vomit et son visage se couvrit de sueur.

Il mit son anxiété sur le compte de ce malaise. Sans doute, elle en était le signe annonciateur. N'ayant pour ainsi dire jamais été malade – il ne connaissait que les blessures de guerre –, il était normal que son corps le prévienne que quelque chose, en lui, était en train de se dégrader.

Au cours des heures qui suivirent, la douleur empira.

On l'emmena d'urgence dans la vallée. L'ambulance tressautait sur les congères. Henri se mordait l'intérieur des joues.

À l'hôpital, le diagnostic fut immédiat : appendicite.

Broutille à cinq ans, saloperie à cinquante.

Sous le masque qui l'endormait, il revit – non : *revisita* des films, comme s'il se rendait à une *party* de Beverly Hills, Danielle à son bras, mais qui diable les avait invités ? Irene Dunne peut-être, il adorait Irene Dunne, en tout cas ça ne pouvait pas être Douglas Fairbanks qui était mort en décembre, pauvre Doug, il crut reconnaître, glissant sous l'ourlet d'un long fourreau blanc, les bottines de Jean Harlow – il les avait pour lui tout seul, les autres types qui étaient là ne s'intéressant évidemment qu'à sa blondeur platine –, il rejoignit Carmine Gallone au bord de la piscine, et ils s'engueulèrent, c'est pour lui, quand il avait écrit *Le Chant du marin*, qu'il avait poussé la conscience professionnelle jusqu'à embarquer sur un cargo à Dieppe pour finir le scénario dans une ambiance de tôles rivetées, de bielles énormes, d'huile chaude, de vapeur, de mer grise, une mer à harengs, à morues, Carmine Gallone avait lu et changé la donne : *ma*, mon petit *Enrico, perche* Dieppe quand il y a Marseille ? Allons, *Enrico*, vive la gaieté, le soleil et les filles – qu'est-ce que tu viens nous emmerder avec tes vagues et tes poissons froids ? Et voilà que l'ami Gallone, qui disait aimer la gaieté, le soleil et les filles, tournait fasciste : tous ces Romains, dans son *Scipion l'Africain*, qui saluaient à l'hitlérienne – triste monde, pensa Henri en se débattant sous le masque. Heureusement qu'il y avait Danielle, la soyeuse, la pétillante. Il aurait tellement aimé qu'elle lui donne un enfant. Une petite fille qui lui ressemblerait, une petite Danielle de quelques centimètres de haut, une Danielle Poucet, il en riait, et ça lui faisait mal de rire, putain de douleur au ventre, pourquoi Danielle ne lui donnait-elle pas d'enfant ?

Il se réveilla.

Tandis que la France commençait son plus mauvais rêve.

Pour cause de dégradation de la situation militaire, l'affectation spéciale dont avait bénéficié Henri ne lui fut pas renouvelée.

Le 8 avril 40, abandonnant le tournage de *Coup de foudre*, qui ne fut jamais repris, il rejoignit en urgence la base aérienne d'Orly.

Pour rien.

Démobilisé le 3 juillet, le capitaine aviateur Decoin retrouva brièvement sa femme à Nauzan, tout près de Royan, derrière les colombages de la villa Honeymoon, propriété charentaise qu'aimait Danielle.

D'un commun accord, le couple avait décidé de se séparer.

Les amoureux n'étaient plus seuls au monde : Danielle s'était éprise de Porfirio Rubirosa, archi-séduisant diplomate de la république de Saint-Domingue, et Henri, après l'avoir vue essayer une paire d'escarpins chez un bottier, était tombé amoureux de Jeanne Juliette Charpenay, qui avait la double particularité d'être la fille d'un banquier ruiné – ce qui constituait une rareté, même à cette époque troublée –, et une amie intime de Danielle.

Est-ce sur l'insistance de celle-ci que Juliette (qui allait donc être Lily pour papa, et maman pour Risou et moi) avait obtenu un petit, vraiment tout petit rôle dans *Retour à l'aube* qu'Henri, en 1938, était allé tourner en Hongrie ?

La pauvre Juliette, à qui il avait confié le personnage d'une folle (« Comme ça, l'avait-il rassurée, tu peux faire n'importe quoi, même des choses nulles à en sangloter, tu paraîtras toujours vraie... »), et qui, en quittant le plateau, s'était égarée dans la campagne magyare où un troupeau d'oies lui avaient joliment mastiqué les mollets, ne gardait pas du cinéma un souvenir impérissable.

Mais d'Henri, si.

– Je l'aime, avait-elle avoué à Danielle. Mais il est à toi.

– Je l'aime moins, avait dit Danielle. Presque plus, en fait. Il sera bientôt à toi.

Un glacier ambulant longeait la plage de Nauzan, proposant des glaces citron et chocolat qu'Henri tenait pour les meilleures du monde – à condition de les déguster dans cet ordre immuable : un coup de langue à la neige blanche, astringente, un autre au chocolat tellement suave qu'il en paraissait chaud.

Au soir tombé, on poussait jusqu'à Meschers pour admirer les cabrioles des marsouins depuis les grottes de Matata.

Au-delà de l'embouchure de la Gironde, c'était l'océan, et plus loin l'Amérique.

Avant la Gironde, Henri avait fait un détour par les bords de la Seine pour s'assurer que tout allait bien pour Blanche Montel et son fils Jacques qui s'étaient réfugiés à Vétheuil. Blanche comptait sur l'été pour que retombe un peu l'ébullition, alors elle regagnerait Paris et reprendrait ses activités de comédienne. Au théâtre, qui avait sa préférence.

Elle ne se doutait pas que d'avoir été généreusement reconnue comme sa fille par l'excellent Abraham Montel allait la faire répertorier comme juive – son teint mat et son nez qui, pour spirituel qu'il fût, n'était pas parfaitement droit, renforçant encore la suspicion.

On lui signifia l'interdiction de monter sur scène, de paraître à l'écran, de parler à la radio, de travailler dans l'édition, de pousser la chansonnette, de danser, de briguer un emploi dans la fonction publique, etc. Fils d'une mère juive, Jacques devenait du même coup juif lui aussi et ne pouvait plus être inscrit dans ces lycées «pointus» où Henri, comme pour venger sa propre enfance trop buissonnière, rêvait de le voir faire des étincelles.

Le malentendu, qui aurait pu avoir des conséquences beaucoup plus graves, finit par se dissiper.

Il avait renforcé Henri dans le sentiment qu'il avait déjà : tant qu'on subirait l'occupation allemande, on souffrirait davantage en France qu'en Amérique où la guerre n'était encore qu'un sujet de conversation – et encore, seulement quand on avait épuisé tous les autres.

Si c'était ça, il fallait rester. Pas par masochisme. Mais en montrant son cul aux nazis, on tournait aussi le dos à des hommes et à des femmes auxquels ces mêmes nazis refusaient la dignité humaine pleine et entière.

Quelques-uns étaient déjà partis, ou allaient partir – Jean Gabin, Pierre Chenal, Michèle Morgan, Victor Francen, Marcel Dalio, Renoir, Duvivier, etc.

– Et toi, demandait Danielle en s'étirant sur la terrasse de la villa Honeymoon, qu'est-ce que tu comptes faire ?

– Je fais *Premier Rendez-vous*, avait dit Henri.

– Un film ?

– Je suis cinéaste, non ?

– Tu le fais en France ?

– Je suis français, non ?

– Tu le fais avec moi ?

– Tu es la meilleure, non ?

Ils avaient ri. Dieu que les roses trémières étaient belles, cet été-là.

– C'est Kolpenitzky – c'est-à-dire Colpet, c'est comme ça qu'il faut l'appeler à présent – qui m'a écrit le scénario. Tu seras Micheline, Micheline Chevassu, pensionnaire d'un orphelinat de jeunes filles.

– Encore une orpheline ! Encore un pensionnat ! Et je parie que je vais devoir, une fois de plus, repousser les avances d'un vieux barbon !

– Ça alors ! s'exclama Henri en prenant son air le plus ingénu, comment as-tu deviné ?

N'en déplaise à Danielle, dont je sais qu'elle le boude un peu [33], *Premier Rendez-vous* fut un de leurs meilleurs films, à tous les deux.

« C'est un chef-d'œuvre, écrivit dans *Comœdia* Jacques Audiberti. S'il s'agit, avec ce film, du premier rendez-vous du cinéma français et de son public après la guerre étrange où nous sommes morts sans, toutefois, périr, disons tout de suite que la réussite de *Premier Rendez-vous* [...] peut nous apporter quelque réconfort. »

33. « Peut-être parce qu'il est lié à cette époque si difficile », écrit-elle dans *Danielle Darrieux, filmographie commentée par elle-même* (*op. cit.*).

Huit jours plus tard, à l'intention de ceux qui n'auraient vu dans ce film qu'un divertissement à la légèreté un peu incongrue en pleine digestion (ô combien aigre, et même écœurante) de la défaite et des tragédies lui faisant cortège, Audiberti, difficilement suspect d'indulgence pour la collaboration quand on sait qu'il avait quitté la rédaction du *Petit Parisien* à l'instant où ce journal passait sous contrôle allemand, se faisait plus précis : «... [*Premier Rendez-vous*] comporte, à l'évidence, pour ceux qui voudront le discerner, et, de toute façon, en douce, en dessous, un élément d'intérêt douloureux [qui] parvient avec une discrète puissance, à relier le rythme de cette fantaisie à notre pensée tragique de l'existence. »

Allusion au cas déchirant du personnage incarné par Fernand Ledoux, vieux professeur de littérature *apparemment* repoussant et qui symbolisait tous les repoussés du moment – pour les identifier, il suffisait, et il suffit toujours, de se rappeler que le scénariste du film était juif et interdit de cinéma.

C'est pourtant sur un geste d'amour du vieux prof méprisé – un amour qu'il avait manifesté exactement de la même façon que le baryton Abraham Montel : par une adoption – que s'achevait le film.

254

Le succès de *Premier Rendez-vous* fut colossal.

Mais devrais-je écrire *Kolossal* au prétexte que le film avait été produit par la Continental, société de droit français mais sous contrôle allemand, dirigée par Alfred Greven, électron libre de la UFA[34], avec qui de nombreux réalisateurs et acteurs français avaient eu l'occasion de travailler à l'époque (toute récente encore) des coproductions tournées à Neuebabelsberg ?

Fasciste (de culture, d'opportunité, et malheureusement aussi de conviction) mais cinéphile averti, Greven était persuadé que le cinéma français était le meilleur du monde et qu'il devait le rester.

Ce pour quoi, devenu tout-puissant à Paris, il distribuait pellicule et kilowatts, denrées introuvables au marché noir, à ceux qui voulaient continuer à exercer leur métier et leur talent en dépit des circonstances – et surtout, en dépit de ceux qui étaient responsables de ces circonstances, c'est-à-dire les Allemands.

Comme Marcel Carné, Henri-Georges Clouzot, Abel Gance, Robert Bresson ou Jacques Becker, Henri, dès lors qu'il avait

---

34. L'expression est de Bertrand Tavernier qui a consacré un film, *Laissez-passer*, au cinéma sous l'Occupation.

décidé de rester, avait également fait le choix de continuer.

Premier Rendez-vous avait été suivi des *Inconnus dans la maison*, puis du *Bienfaiteur*, de *Mariage d'amour* (qu'Henri avait refusé de signer sous prétexte que ce film n'était pas seulement un navet mais un « monstre » – ce qui me donne aujourd'hui une furieuse envie de le voir), puis de *L'Homme de Londres* et de *Je suis avec toi*.

Et comme ça, mêlant petits échecs et gros succès, grimpant, sous couvert de repérages, vers des mansardes improbables ou gagnant des pavillons perdus pour apporter faux papiers et subsides vrais à des amis Schwabb, Rubinstein, Wolff ou Naar, on était arrivé en 1943.

Henri s'était alors mis en provisoire congé de cinéma pour profiter de sa lune de miel avec sa nouvelle épouse.

Après sa séparation d'avec Danielle, qui fut calme et sans froissements, bateau qui s'éloigne du quai par un joli matin d'été, Henri s'était dit qu'il était temps d'en savoir un peu plus sur Jeanne Juliette « Lily » Charpenay, qui n'avait pas été très convaincante comme folle dans *Retour à l'aube*, mais peut-être justement parce que c'était une personne profondément sensée, et puis, un peu las d'épouser des actrices, il se demandait quelle impression ça pouvait bien faire de demander la main d'une fille de banquier – même ruiné.

Georges Charpenay, le banquier-même-ruiné dont il était question, mon grand-père, spécialiste ès papeteries industrielles, ès houille blanche, ès tramways, ès scieries, ès routes de montagne, ès statuettes d'Extrême-Orient (au temps de sa splendeur, il avait entretenu, sur sa cassette personnelle, des dénicheurs-experts qui couraient pour lui la Chine et le Japon en quête de laques, ivoires et jades, dont il ne lui restait à présent que le souvenir), et surtout spécialiste ès Pères Chartreux dont il s'était institué protecteur devant Dieu et les hommes, recueillant pieusement dans ses propres caves leurs réserves de liqueur (la « verte » électrisante et la « jaune » langoureuse) pendant l'exil que leur avait imposé la loi sur les congrégations religieuses, Georges Charpenay, un œil gris et l'autre bleu, qui avait donc financé le développement d'à peu près tout sauf le cinématographe, ce qui ne laissait pas d'inquiéter Henri sur l'accueil qu'allait lui réserver ce futur beau-père, Georges, contre toute attente, avait aussitôt mis la main de Juliette, trente ans et un divorce, dans celle d'Henri :

– P'tit Lily est à vous !

Henri n'avait appris que plus tard la raison de l'empressement beau-paternel :

– Mon cher, lui avait confié Georges, ma femme Marguerite est une bridgeuse impénitente. Le fait d'avoir le cul dans la friture – vous me pardonnerez, n'est-ce pas, l'extrême trivialité de cette expression, mais ça dit bien ce que ça veut dire – ne l'empêcherait pas d'annoncer deux trèfles ou quatre sans-atout.

– Ah... fit Henri. Et alors ?

– Alors, grâce à votre entrée dans notre famille, nous allons de nouveau être quatre autour de la table de bridge. Marguerite va vous adorer.

– Épatant, dit Henri. Sauf que je ne sais pas jouer au bridge.

– Bah ! vous apprendrez, éluda Georges. P'tit Lily dit que vous êtes doué pour tout. À l'en croire, vous lui auriez même fait un enfant, ajouta-t-il en clignant d'un œil.

Bien que cela me concernât de très près, car j'allais bientôt être l'enfant en question, je n'ai jamais su quel œil cligna mon grand-père, si c'était l'œil gris ou bien le bleu.

Mais cela a-t-il la moindre importance ? Ni plus ni moins que tout ce que j'ai raconté au fil de ces pages. Aucun homme à lui tout seul ne peut changer le monde, aucun livre à lui tout seul ne peut changer un homme.

Henri, ou Henry si l'on préfère, fut heureux vingt-six ans encore avec Didier, Risou, ses chats et son téléphone blanc. Et Lily.

«La femme de ma vie, avait-il dit. Et de toute ma vie, cette fois, parce que c'est elle qui verra ma mort.»

Il se trompait, mais de très peu. D'une poignée de minutes, paraît-il. Peut-être même ne s'agissait-il que de secondes. C'était le 4 juillet 1969 à seize heures trente. Quelques instants après que P'tit Lily eut quitté sa chambre à la clinique, juste après qu'il lui eut murmuré son mot de la fin : «Adieu, mon amour...»

Chaufour, La Roche, 19 avril 2006

Il faut encore savoir que...

... ce livre n'existerait pas si Jean-Marc Roberts ne l'avait voulu – avec quelque chose de merveilleusement fraternel dans sa demande, sa patience et son accompagnement,

et que je n'aurais pu le mener à terme sans l'aide de Chantal, ma femme, qui a couru les bibliothèques, les mairies, les cimetières, pour retrouver les traces de l'homme qu'elle a découvert à défaut d'avoir pu le connaître,

et qu'il doit beaucoup à l'amiral Alain Oudot de Dainville, chef d'état-major de la Marine, qui m'a permis l'accès à la « mémoire militaire » de mon père,
à l'amiral de Contenson, chef du Service historique de la Défense,
à Mme Oudin, conservateur général adjoint, chef du Centre historique de Vincennes,
à Mme Beylot, chef du Département Armée de l'air du Service historique de la Défense,

et à ma belle-sœur Dominique Decoin qui m'a ouvert son cœur et sa mémoire.

D. D.

DU MÊME AUTEUR

AUX ÉDITIONS DU SEUIL

Le Procès à l'amour, *bourse Del Duca 1966*
La Mise au monde, *1967*
Laurence, *1969*
Élisabeth ou Dieu seul le sait, *1970, prix des Quatre Jurys 1971*
Abraham de Brooklyn, *1971, prix des Libraires 1972, coll. « Points » n° 453*
Ceux qui vont s'aimer, *1973*
Trois Milliards de voyages, *essai, 1975*
Un policeman, *1975, coll. « Points Roman » n° R 266*
John l'Enfer, *prix Goncourt 1977, coll. « Points » n° P 221*
L'Enfant de la mer de Chine, *1981, coll. « Points Roman » n° R 62*
Les Trois Vies de Babe Ozouf, *1983, coll. « Points Roman » n° R 154*
La Sainte Vierge a les yeux bleus, *essai, 1984*
Autopsie d'une étoile, *1987, coll. « Points Roman » n° R 362*
La Femme de chambre du Titanic, *1991, coll. « Points » n° P 452*
Docile, *1994, coll. « Points » n° P 216*
La Promeneuse d'oiseaux, *1996, coll. « Points » n° 368*

Louise, *1998, coll. « Points » n° 632*
Madame Seyerling, *2002, coll. « Points » n° 1063*

Il fait Dieu, *essai, Julliard, 1975, Fayard, 1997*
La Dernière Nuit, *Balland, 1978*
La Nuit de l'été, *d'après le film de J.-C. Brialy,
Balland, 1979*
Il était une joie... Andersen, *Ramsay, 1982*
Béatrice en enfer, *Lieu Commun, 1984*
Meurtre à l'anglaise, *Mercure de France, 1988,
Folio n° 2397*
L'Enfant de Nazareth *(avec Marie-Hélène
About), Nouvelle Cité, 1989*
Élisabeth Catez ou l'Obsession de Dieu, *Balland, 1991, Le Cerf, 2003*
La Hague *(photographies de Natacha Hochman), Isoète, 1991*
Cherbourg *(photographies de Natacha Hochman), Isoète, 1992*
Lewis et Alice, *Laffont, 1992, Pocket n° 2891*
Presqu'île de lumière *(photographies de Patrick
Courault), Isoète, 1996*
Sentinelles de lumière *(photographies de Jean-
Marc Coudour), Desclée de Brouwer, 1997*
La Route de l'aéroport, *« Libres », Fayard, 1997*

Jésus le Dieu qui riait, *Stock/Fayard, 1999, Le Livre de poche n° 15194*

L'Archipel anglo-normand *(photographies de Patrick Courault), Isoète, 2000*

Célébration de l'inespéré *(avec Éliane Gondinet-Wallstein), Albin Michel, 2003*

Chroniques maritimes, *Larivière éditions, 2004*

La Hague *(peintures de Jean-Loup Eve), Aquarelles, 2004*

Avec vue sur la mer, *Nil éditions, 2005,* prix littéraire du Cotentin, prix Henri Queffélec

LITTÉRATURE POUR ENFANTS

O'Contraire, *Laffont, 1976*

La Bible illustrée par les enfants, *Calmann-Lévy, 1980*

Série « Le Clan du chien bleu », Masque Jeunesse, 1983

La Ville aux Ours

Pour trois petits pandas

Les Éléphants de Rabindra

Le Rendez-vous du monstre

Ce volume a été composé
par Nord Compo
et achevé d'imprimer en mai 2006
par **Bussière**
à Saint-Amand-Montrond (Cher)
pour le compte des Éditions Stock
31, rue de Fleurs, 75006 Paris

Imprimé en France
Dépôt légal : juin 2006
N° d'édition : 72442 – N° d'impression : 061926/4
54-51-5681/9
ISBN 2-234-05681-0